47歳、ゆる晩酌はじめました。

ツレヅレハナコ

KADOKAWA

47歳、「とことん晩酌」から「ゆる晩酌」に変わりました。

食べることとお酒を飲むことが大好きで、休肝日は高熱がある日など年に数回だけ。毎晩元気に外食へ出かけ、酔っぱらうまでお酒を飲む。もちろん家でだって、ひとりでだって、食べたいおつまみを好きなだけ作って飲むのが生きがい。そんな生活をずっと続けるつもりでいましたが、私も今年で47歳。ふと、「このままでいいのかな」と思うタイミングがありました。

病気ひとつしない丈夫な体が自慢だけれど、気づけばなんだか疲れやすくなったような。肝臓だって、こんなに毎日酷使していたら弱らないわけはない。これからも健康に長生きして、お酒を長くおいしく飲むには、このあたりで生活を見直すべきでは？

とはいえ、いきなり何もかもガマンするなんて本末転倒な話。できることから、少しずつやってみようかなと決めました。まずは、やはり食生活。外食の回数を減らして、なるべく自宅でおつまみを作って晩酌をするように。そして、できるだけ休肝日を取り入れる。がんばれるときは週に3日、がんばれなければ週に1日。それでも、これまでの私にしてはすごいことです。

おつまみを作りはじめて驚いたのは、体が欲しがるものが自然とヘルシーな食材や調理法だったこと。豆腐などの大豆製品やたっぷりの野菜、肉や魚は脂質が控えめなもの……。そして、おつまみは小皿に3品くらいで十分。外食でのごちそう三昧は今の自分にとって過剰だったのに、それが若い頃からの日常になり過ぎて気づいていなかったのです。

　ヘルシーな食生活といっても、おいしくないものは食べたくない。パサパサのひもじいおつまみを作る気もない。油脂もほどよく摂るし、体を作るたんぱく質=肉や魚もしっかり食べる。目指したのは、体にいい晩酌をゆるっと意識することでした。

　はじめて1か月ほど経ち、最初にその効果を感じたのは目覚めの良さ。以前は毎朝どんよりしているのが普通でしたが、シャキッと起床。空気がうまい！　以前は睡眠というよりもお酒による気絶状態で、ちゃんと眠れていなかった&内臓も疲れていたんだろうなあ。そして、バランスのよい食事をし、良質なたんぱく質を意識して摂るからか格段に疲れにくくなりました。

こうなると欲が出てきて、取り入れはじめたのがトレーニングジムでの筋トレ。これまで運動なんて一切しなかったこの私が……。だって、ビシッと筋力のある元気なおばあちゃんになりたいんだもの！　休肝日＝ジムの日と決めてマイペースに通いはじめたところ、徐々に増えていったのが同世代の筋トレ仲間。食事と筋力の大切さを教わりました。そう、みんながマッチョになりたいわけではなく、ずっと元気な体でいたいから筋トレをする。私も、そのくらいの気持ちでやっていきたいなあと思っています。

今回、ご紹介するおつまみは、約１００文字のレシピでできる簡単なものばかり。いくら体によくても、手間と時間がかかり過ぎれば私自身も続きませんから。でも、お酒がバッチリ進むおつまみなのは、飲酒歴27年の私が保証します！　ぜひ皆さんも、今宵からゆる晩酌をはじめてみませんか？

ツレヅレハナコ

心に余裕が生まれた

47歳になり、これからも続く人生を元気に楽しく過ごしたい！　それには、暴飲暴食続きの生活と向き合うことが不可欠。改善することで体調の変化はもちろん、「自分は体にいいことをしているぞ！」という心の余裕が生まれました。

で、こんないいこと

仕事がより はかどるように！

以前は毎晩飲んでいたので、夜に仕事をするなんて無理。溶けるように時間が過ぎていました。休肝日をつくりはじめたら、夜でも頭がシャキッとして仕事もできちゃう。いつも追われていた締め切りにも柔軟に対応できるように。

健康診断の 結果がAに！

平均より少し高めだった肝機能の数値。ゆる晩酌によって、みるみる改善！　お医者様にも「この調子でいきましょう」とほめられるように。おかげで、47歳にして健康診断の結果はオールA。この美しい結果をキープしたい！

自分を振り返る時間ができた

ゆる晩酌をきっかけに、つけはじめたのが日記。長く書くときも3行だけのときもありますが、酔い過ぎたらできない作業なので格段の変化。その日の自分を振り返る習慣ができました。5年、10年先に読み返すのが楽しみです。

ちょっとやせた！

体重にも変化が。胃腸の調子がいいうえに自然と体重が減り、はけなくなっていたジーンズもゆるくなるように。まわりからも「少しスッキリした？」と言われます。ゆる筋トレも継続して、筋力のある体を目指します！

「ゆる晩酌」のおかげ

趣味の時間ができた

ずっと積んであった本や映画など、いつも後回しだった趣味の時間。ゆる晩酌で、楽しめるようになりました。お酒を飲んでいては読んでも忘れていた本の内容も、しっかり記憶できるのがうれしい。ほかにも何か趣味をはじめてみようかな。

こんな感じで
ゆる晩酌してます

ここで私のとある1週間のリアルな夜ごはん風景をお届け。しっかりめに飲むのは週2日まで、残りは家でゆるく飲む、もしくは休肝日というルーティンです。

月 MON

ゆる晩酌

トルコ風晩酌で週初めを楽しく

週末にしっかり休んだ&週のはじまりにテンションを上げるべく、大好きなトルコごはんでゆる晩酌。なすのサラダ、おろしきゅうり入りのヨーグルトペーストなど野菜と乳製品中心のヘルシー小皿。赤ワインを数杯飲みながら、映画を観るのも楽しい時間。以前ならワイン1本を一晩で飲み切っていたのがウソみたい。

自家製ピタパン。意外と簡単にできるので、気分転換にも最適！

火
TUE

小皿つまみで晩酌。お酒は少し

作りおきや、切っただけの野菜をちょこちょこと小皿に盛るだけのおつまみ。冷やしトマト、はんぺん青のりバター焼き、にんじんのラペ、ひじき煮と温玉のせやっこなど。おつまみでおなかいっぱいになり、ハイボールを1杯と日本酒を1合で満足できました。お酒は「好きなものを少しずつ」を意識するようになってきたのかも。

長テーブルの端っこが、ゆる晩酌の定番の位置です。

水
WED

外飲みで気分転換！

仕事も早く終わったし、今日はひとりでがっつり外飲みするぞ〜。夕方から近所のもつ焼き店へ行き、ホッピーを飲みつつメニューを熟読。シンプルなもつ焼きは、良質なたんぱく質が摂れるのでよく行くお店です。煮卵入りもつ煮やちぎりキャベツもつまみつつ、ホッピーおかわり！　いい気分で歩いて家まで帰りました。

金 FRI

忙しかったので お刺し身で簡単に

今日も忙しくて料理を作る余裕がない……。そんなときに役立つのが、買ってきたお刺し身。盛るだけで飲めて、高たんぱく質！　特に青魚は良質な脂も摂れますよ。ここ数年、本わさびにハマり、鮫皮おろしまで買うほどに。すりたては最高においしくて、市販のお刺し身やざるそばがグレードアップします。

あぶりしめさばで晩酌の日。作りおきおかずと盛り合わせるときも。

木 THU

ノンアル& ヘルシー丼で

本日は休肝日。夕食が遅くなったので、ヘルシーな豆腐丼にしました。豆腐をちぎってどんぶりに入れて電子レンジでチン。温まったら余分な水分を捨て、好きな具をのせるだけ。今日は、ゆし豆腐にしらすとみょうがをのせ、レモンを搾ってしょうゆをチラリ。ノンアルビールで晩酌気分も◎。

土
SAT

人を呼んで プチホムパ

友人を呼んで、韓国料理。もちろんお酒もがっちり飲みます。チャプチェ、えびとズッキーニのジョン、焼き豚肉の葉っぱ包み、キムチ、カクテキ、ナムルなど。韓国料理は野菜を多く摂れるので、アラフィフの集まりでも大人気です。おいしいものの情報交換はもちろん、同世代ならではの健康や美容の話で盛り上がる！

日
SUN

野菜多めつまみで 休肝日

朝と昼に食べている作りおきおかず大集合で休肝日。冷凍のソルロンタン（韓国のコラーゲンたっぷり牛骨スープ）にははるさめを入れました。きのこ類や切り干し大根、煮卵、ラディッシュの塩昆布あえなど、自然と作りおきおかずも体にいいものを作るように。お盆に小皿を並べるとワイワイ感が出るし片づけも楽。

少しずつ作りおきして、玄米ご飯と食べるのが朝昼の定番メニューに。

目次

この本のレシピの表記について

- 大さじ１は15㎖、小さじ１は5㎖、１カップは200㎖です。
- 電子レンジの加熱時間は600Wのものを基準にしています。500Wなら1.2倍、700Wなら0.9倍の時間で加熱してください。
- オーブントースターは1000Wのものを基準にしています。
- 野菜は特に記述がない場合でも、「洗う」「皮をむく」「へたを取る」などの下ごしらえをしてから調理に入ってください。

本書は『レタスクラブ』に掲載された連載「ツレヅレハナコの100文字つまみ」に加筆、再構成しています。

まいにち豆腐、納豆、油揚げ。

子どもの頃から大豆製品好きだけれど、3年前に引っ越した先にとてもいい老舗の豆腐屋さんがあったことで拍車がかかりました。ご家族で経営していて、常に豆腐だけで8種類（！）。ほかにも油揚げやがんもも数種類に、自家製の厚揚げ煮やおからのコロッケ……。行くと、ついつい買い過ぎちゃうのよねえ。

そんなお店の看板娘が、70代のお母さん。いつ行っても元気いっぱいで、「いらっしゃい！」と笑顔で迎えてくれます。そして、お肌が超ピカピカ。いつだったか「お元気だし、お肌キレイですよねえ」と言ったら、「ずっとうちの豆腐食べてるもん～。毎朝1杯飲む豆乳も、その秘訣よ」と笑っていました。

うーむ、なんとも説得力のあるお言葉……。それからは、私もこの店の生クリームのように濃厚な豆乳を毎朝せっせと飲んでいます。豆乳健康法！

豆腐って、高たんぱく&低糖質で、とにかく胃にやさしい。「ちょっと軽めのメニューにしたいな」なんてときにぴったりなのです。そのままはもちろん、くずしてよし、焼いてよし、煮てよし、揚げてよし……本当に豆腐はエラい！

そして、油揚げや厚揚げ、がんもなども晩酌の常連メンバー。焼いてしょうゆをかけるだけで「飲める一品」になるだけでなく、野菜や海藻とも相性抜群。冷凍保存もできるので、おつまみに迷うとすぐさま登場させます。

そういえば先ほどのお豆腐屋さん。初めて行ったとき、お母さんから「今、ちょうど油揚げが揚がったのよ～。食べていかない？」と声をかけられてシビれたなあ。しかも私の買い物袋には、たまたまさっき買った缶入りハイボールが……。店先のベンチで、ハイボールを手に紙皿のアツアツ油揚げを頬張ったのは忘れられません。

豆腐とひき肉の
ふわふわレンジ蒸し

豆腐の水分を
生かして作る
簡単＆ヘルシーおつまみ

※1人分 253kcal／塩分1.8g

材料（2人分）と作り方 ≫ ボウルに絹ごし豆腐½丁（約150g）、とりひき肉150g、卵1個、おろしにんにく1片分、片栗粉小さじ1、塩少々を入れて混ぜる。器に広げてラップをかけ、電子レンジで約7分加熱する。万能ねぎの小口切り2本分と、ポン酢じょうゆ大さじ2、ごま油大さじ½をかける。

ボウルに材料を入れたら、豆腐を握りつぶすようにくずし、粘りが出るまで練って。

すべての材料を混ぜてレンチンするだけのメニューは、忙しいときの強い味方。私の定番は、とりひき肉と卵で作るあっさりした蒸しものです。ポイントは、絹ごし豆腐を水きりせずに生地に加え混ぜること。これだけで、驚くほどふわふわの食感になりますよ～。にんにくの代わりにしょうがを加えると、よりさっぱり食べられるのでお試しを。

豆腐にのっけるだけの変わり冷ややっこ

いつもの冷ややっこも、のせる具材しだいで立派なおつまみに！ パリパリ、ねっとりなど豆腐と違う食感のものをのせるとアクセントになります。冷蔵庫にあるものでお試しを。

アボカドしらす

アボカド⅛個の角切り、しらす干し10g、もみのり2g、しょうゆ、オリーブ油各小さじ1

納豆しば漬け

納豆¼パック、粗く刻んだしば漬け10g、白いりごま小さじ½、しょうゆ小さじ1

共通の材料（1人分）と作り方

絹ごし豆腐½丁を半分に切って器に盛り、各具材と調味料をのせる。

キムチ卵黄

粗く刻んだ白菜キムチ10g、卵黄1個分、ごま油小さじ1

ツナマヨきゅうり

ツナ缶¼缶（約20g）、きゅうりの小口切り（塩もみする）¼本分、マヨネーズ大さじ½、しょうゆ小さじ1を混ぜる

厚揚げのみそアヒージョ

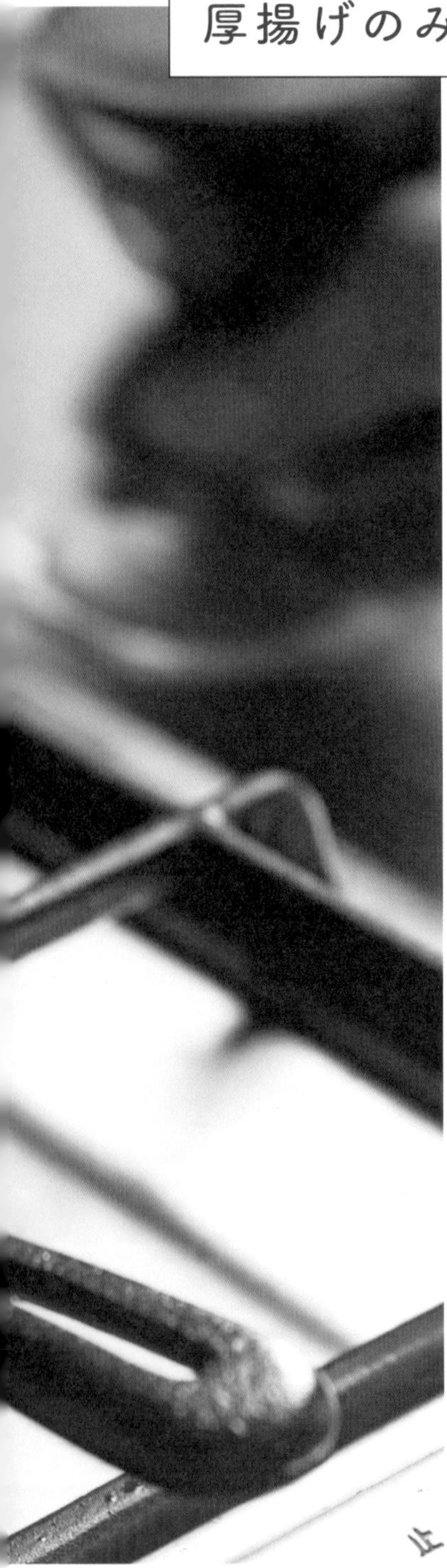

材料（2人分）と作り方 ≫ 厚揚げ1枚（約250g）は2cm角に切る。直径約15cmのフライパンにオリーブ油大さじ4、にんにくの薄切り1片分と、赤とうがらし1本を半分に切って入れて弱火にかける。香りが立ったら厚揚げを加えて時々返しながら約5分温め、みそ大さじ1を混ぜる。

みそがかためのときは、同量の水で溶いてから加えて。

アヒージョの具といえば、えびやマッシュルームが定番。ところが、意外にも厚揚げが合う！にんにくととうがらしのオイルでじっくり加熱することで、表面がこうばしくカリッカリになるのです。味つけも淡泊な厚揚げにはみそがベストマッチ。お酒に合うしっかり味にしてくれますよ。グツグツと火にかけながら、キッチンで立ち飲みなんていかが？

みそ味で新感覚。
緑のカリカリ食感が
たまらないっ

※1人分 **414**kcal／塩分**1.1**g

自家製生ゆば

濃厚な豆乳で作れば
悶絶もののおいしさ

※1人分 113kcal／塩分0.9g

材料（2人分）と作り方 ≫ フライパンに豆乳（成分無調整）1カップを入れて沸騰しないように弱火で温める。表面に膜が張ったら箸ですくい上げ、器に入れた豆乳適量につけるのを繰り返す。練りわさび、しょうゆ、オリーブ油各適量をかけて食べる。

表面にできた生ゆばは、豆乳がなくなるまで繰り返しすくう。

できた生ゆばは豆乳につけておくことで、しっとり仕上がる。

「生ゆば」と聞くと、何やら料亭などで出てきそうな雰囲気。でも、ある日行った温泉宿の朝食で出てきたのが「セルフ生ゆば」でした。1人分の鍋で豆乳を沸かすと表面にできる生ゆば、楽しい〜。シンプルなのにエンタメ性があるうえ、何よりできたてがおいしい！　わさびをたっぷりのせて日本酒はもちろん、温かいご飯にのせたゆば丼もどうぞ。

材料（２人分）と作り方 >>> 油揚げ２枚はそれぞれ６等分に切る。オーブントースターでカリッとするまで約３分焼いたら、半量に塩、青のり各適量をふる。もう半量に粉チーズ、粗びき黒こしょう各適量をふる。

使用する油揚げは、「３枚100円」くらいの手ごろなものがオススメ。サクサクに焼き上がる。

ポテトチップスをつまみに飲みたいけれど、カロリーも糖質も高すぎる～！　そんなときの強い味方が、油揚げを焼いて、ポテチ風の味つけにしたおつまみ。もちろん別ものではあるのですが、「のり塩味」「チーズ味」のサクサクしたものをひょいひょい食べるスナック感は満足度大です。しかも大豆でできているなんて超ヘルシー。お好みの味つけでもどうぞ。

油揚げのポテチ風

ジャンク欲を満たす
スピードおつまみ

※1人分 78kcal／塩分0.3g

卵がなければはじまらない。

好きな食べものを尋ねられれば、秒で「卵！」と答えるくらいには卵を愛しています。ひとり暮らしなのに、冷蔵庫には常に生卵が20個。さらにゆで卵が10個。この量が半分くらいになると、私の中で「卵アラート」が鳴り響き、補充の買い物に走るのです。

なぜなら毎日2～3個は必ず食べるので、あっという間になくなっちゃうのよね。ちなみに昔は「コレステロール値が上がるので卵は1日1個まで」と言われていましたが、そうではないとの研究結果が今の常識。高校生の頃、ドキドキしながら卵を毎日3個食べていた私は、そのデータを食い入るように読んでホッとしたものです。どんな高校生よ！って感じですけれども……。

いずれにせよ、卵は良質なたんぱく質が豊富で、ビタミンC以外のビタミンがすべて含まれるスーパーフード。晩酌にも登場させない手はありません。もちろん私の食卓にもさまざまなメニューで登場していますが、自分の中でベスト卵おつまみはズバリ「ハムエッグ」。もはや、これさえあれば何もいらない！

最大のポイントは、理想の焼き具合であること。ハムと卵の白身の縁はカリッと色づき、卵黄は下半分だけ火が通って上半分はとろりと半熟。ハムや白身を少しずつ切り取りながら、ソースのように卵黄にひたして食べるのです。そして、一口ごとにお酒をゴクリ。私はワインなら塩、こしょう、日本酒ならしょうゆで食べるのが定番ですね。とはいえ、もちろん焼き方や味つけはあなたのお好みしだいです。

目玉焼きではちょっと物足りず、ハムが入ることにより一気に満足感のある料理に昇格。奥が深い「ハムエッグ晩酌」、今宵ぜひお試しを。

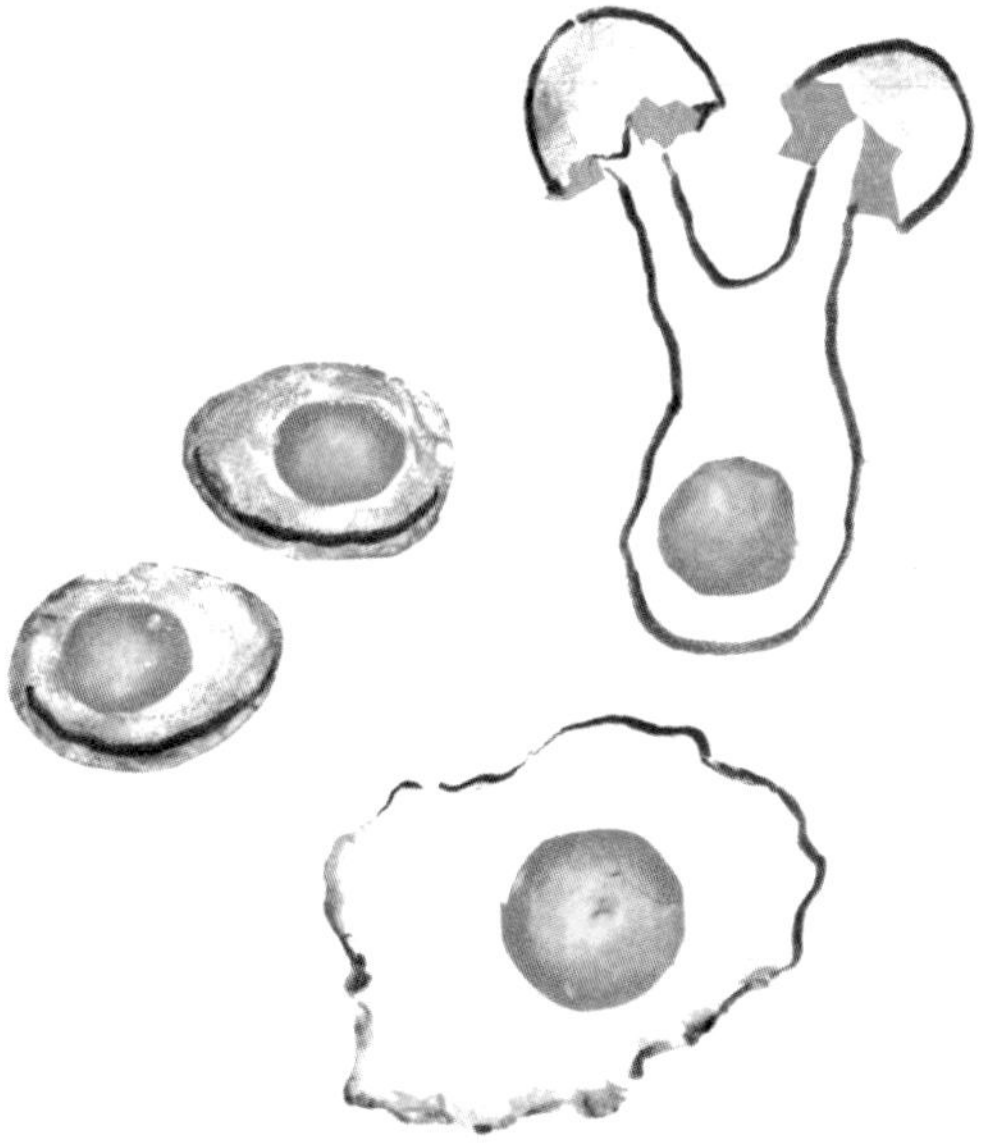

巻かないだし巻き卵

材料（2人分）と作り方 ≫ 卵2個を溶き、だし汁½カップ、砂糖小さじ2と、片栗粉小さじ1をしょうゆ小さじ1で溶いたものを混ぜる。フライパンにサラダ油大さじ1を中火で熱し、卵液を一気に入れてゴムべらで端から混ぜて半熟で火を止め、万能ねぎの小口切り適量をのせる。

卵液に直接片栗粉を加えるとだまになるので、しょうゆで溶いてから混ぜて。

卵は、外側から内側へゆっくりと混ぜるのが、ふんわりと火を通すコツ。

皆さん、だし巻き卵を巻くのはお得意ですか？　卵液にだしを入れるとジュワッとしみ出ておいしいけれど、その量が多いほどやわらかくなって巻くのが難しくなる卵料理。巻く緊張感がハンパない！　そこで、「もう味が同じならいいや」と最大限にだしを入れて、全く巻かなくなったのが、このメニュー。ぜひスプーンであつあつをすくってどうぞ。

ジュワッとした
だし汁で
日本酒が進む

※1人分 **145**kcal／塩分**0.7**g

とろたま塩辛ブルスケッタ

映えるので人が来たときにも重宝します

※1人分 **207**kcal／塩分**1.9**g

材料（2人分）と作り方 ⟫⟫ 食パン（サンドイッチ用）2枚はトーストして4等分する。いかの塩辛40gはオリーブ油小さじ1を混ぜる。卵2個は溶きほぐし、フライパンにバター10gを強火で溶かして半熟に炒める。パンに卵、塩辛と、万能ねぎの小口切り1本分を等分にのせる。

パンに和風の食材を合わせるのが大好きです。みそや焼きのり、明太子も合いますが、なかでも塩辛が意外に好相性！　しかも、半熟のバタースクランブルエッグとトーストにのせると最高なのです。サクサクのトーストにとろふわな卵、そしてねっとり塩辛の三重奏。白ワインにもぴったりなので、気軽なアペリティフ（食事前のおつまみ）としてお試しあれ！

卵は必ず半熟に！　ちょっと早いかなくらいの火入れが正解。

材料（２人分）と作り方 >>> 溶き卵４個分に、キャベツのせん切り250gを混ぜる。直径約20cmのフライパンにサラダ油大さじ１を弱火で熱して広げ入れ、ふたをして両面を約５分ずつ焼く。お好み焼きソース、マヨネーズ、青のり各適量をかけ、好みで紅しょうがを添える。

焼くとかさが減るのでキャベツはたっぷりと。袋入りカットキャベツでもOK。

ひっくり返すときは、ふたや皿をかぶせてフライパンごと返し、すべらせるようにフライパンに戻し入れる。

お好み焼きといえば、普通は小麦粉に卵や長いもを混ぜて、キャベツや天かすや桜えびを入れ、豚肉を焼いて……と一大行事。でもある日、「私が食べたいのは、お好み焼きソースとキャベツなのでは」と気づいてしまったのです。そうとなれば、生地は卵だけで具も省略。ただし、キャベツだけはたっぷりと！　分厚く焼き上げれば、大満足の仕上がりです。

キャベツたっぷりで軽やかなのに食べごたえアリ

お好み焼き風卵焼き

※1人分 258kcal／塩分1.2g

常備してる味玉

冷蔵庫に毎日ある常備菜ナンバー1といえば味玉。毎回6個ずつ作って、なくなる頃に別の味つけで仕込みます。基本はめんつゆのみ。そこに調味料を加えてアレンジすると楽しい！

ポン酢味玉

ほどよい酸味がくせになります

材料（作りやすい分量）と作り方 >>> 卵6個は熱湯に入れて約8分ゆでて粗熱をとり、殻をむく。ポリ袋にポン酢じょうゆ¼カップ、めんつゆ（3倍濃縮）大さじ2を混ぜ、卵を30分以上漬ける。

めんつゆ×スパイスは意外に何にでも合う！

カレー味玉

材料（作りやすい分量）と作り方 >>> 卵６個は熱湯に入れて約８分ゆでて粗熱をとり、殻をむく。ポリ袋にめんつゆ（３倍濃縮）大さじ２、カレー粉大さじ１を混ぜ、卵を30分以上漬ける。

※どちらも冷蔵室で約６日間保存できます。

肉＝たんぱく質を摂らなくちゃ。

ここ最近、世の中は空前の「たんぱく質ブーム」。コンビニでも「たんぱく質が23g摂れる！」などと書かれたサンドイッチやお弁当を目にします。筋肉や臓器、肌や髪など、健康な体作りには欠かせない栄養素。菓子パンや具の少ない麺類など、炭水化物だけで満腹にしがちな人は「たんぱく質不足」に要注意！

かくいう私も、ジムに通いはじめてからたんぱく質に目覚めた人間のひとり（キリッ）。自分の「PFC（P＝たんぱく質、F＝脂質、C＝炭水化物）バランス」を計算し、1日に必要なたんぱく質量の摂取を目指すようにしています。

でも意識し始めると、これがなかなか難しい……。摂っているようでいて、なかなか摂れないのです。なるほど、筋トレ仲間がプロテインを飲んでいたのはこのせいだったのか〜。

そこで、晩酌にも積極的に肉や魚を取り入れるように。肉（ｏｒ魚）つまみ＋たっぷりの野菜つまみが定番となりました。薄切り肉をさっとゆでてポン酢をかけたり、手羽先に塩、こしょうしてにんにくと焼くだけでもいいし、たまには春巻きや餃子の皮で包んでみたり。やっぱり肉とお酒は相性がいい！　さらには、毎日イチから料理をしなくても、例えば自家製の「塩麹サラダチキン」（Ｐ46〜47参照）などを仕込んでおいて、ゆで野菜とあえるだけでもよいつまみになるんですよね。毎日コツコツたんぱく質！

昔は「肉を食べると太る」と言われていたのがウソのよう。脂質の摂り過ぎにさえ気をつければ、今や美と健康に不可欠な食材となっています。ちなみに私が最近ハマっている肉は、ズバリささ身。あっさりした味わいと、その繊細なやわらかさのとりこです。

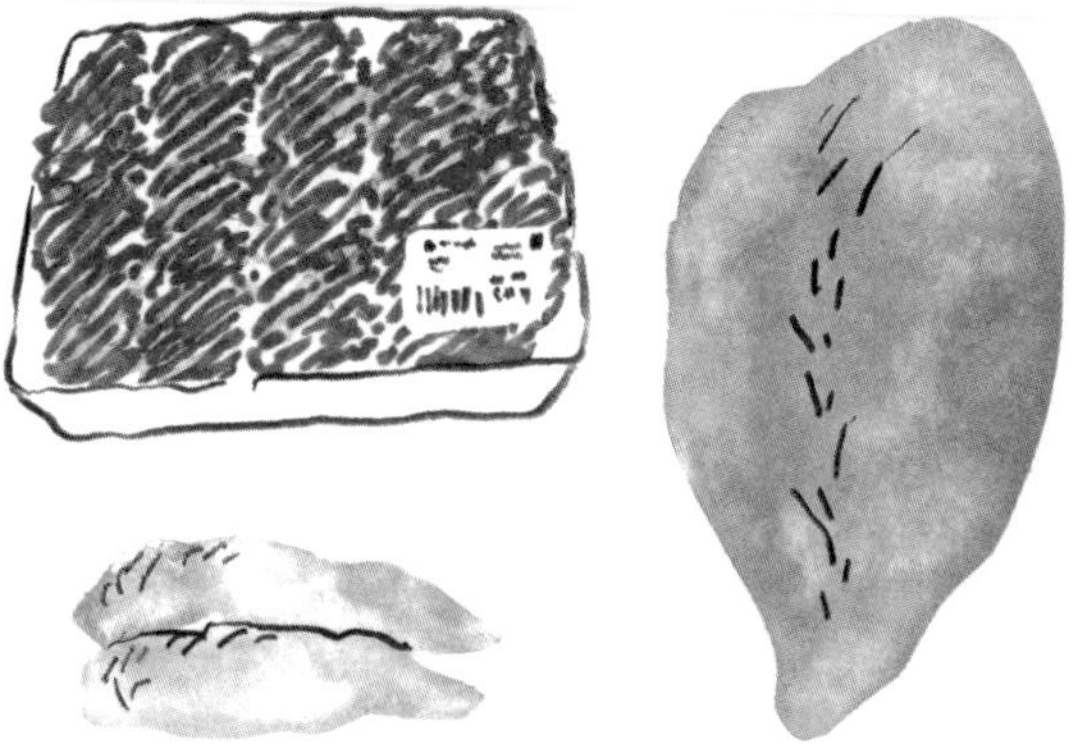

まるごとささ身の春巻き

パリパリとした
春巻きの皮と
ささ身の食感の
違いが楽しい

材料（２人分）と作り方 >>> とりささ身４本（約240g）に塩、こしょう各少々をふり、片栗粉適量をまぶす。春巻きの皮１枚で、青じそ２枚、ささ身１本を巻いて水で留める。計４本作る。フライパンに1cm深さの揚げ油を中温（約170℃）に熱し、両面を約２分ずつ揚げる。からしマヨネーズ適量を添える。

ささ身に片栗粉をまぶすことで、肉汁が流れ出て油がはねるのを防止。

春巻きの皮でしっかり包むことで蒸し揚げになり、肉もしっとり。

いつもの豆腐屋さんで見つけたのが、がんもどきの中にとりささ身をまるごと１本入れた「ささ身がんも」。驚きましたが、これぞ高たんぱくおつまみのお手本！　何より脂肪分の少ないささ身を揚げると、揚げものなのにあっさり食べられます。がんもどきをイチから作るのはたいへんなので、今回は春巻きの皮でお手軽に。スライスチーズを入れてもおいしい〜。

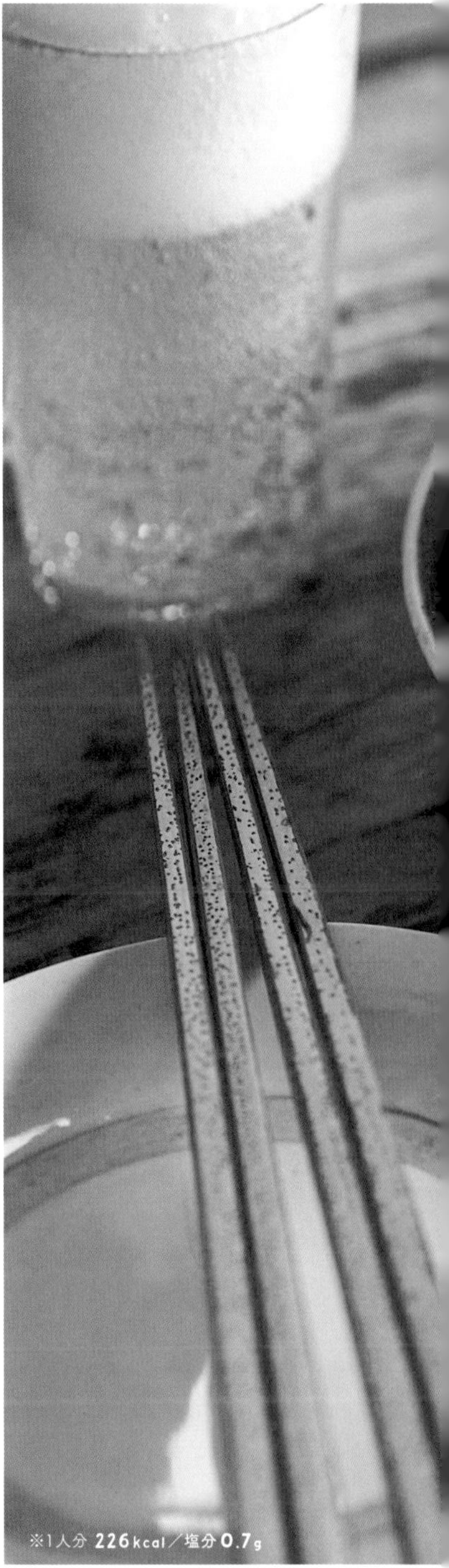

※1人分 226kcal／塩分0.7g

アスパラつくね

つなぎ最小限の
肉々しい
味わいが魅力

※1人分 **416**kcal／塩分**1.6**g

材料（２人分）と作り方 ＞＞＞ 豚ひき肉300gと片栗粉大さじ１を練り混ぜる。グリーンアスパラガス３本※を３等分に切り、先を出して肉だねで包む。フライパンにサラダ油大さじ１を中火で熱し、肉だねを入れて全体をこんがり焼く。油を拭いてポン酢じょうゆ大さじ２、バター5gをからめる。

※根元3〜5cmの皮は、皮むき器で薄く削る。

つくねに必要なのは、ひき肉にみじん切りのねぎ、卵、しょうが、いくつもの調味料……そんなイメージがあるかもしれませんが、おつまみならばシンプルにいきましょう！　ズバリ、ひき肉と片栗粉だけ。そのかわり、存在感抜群のアスパラを包んで、ポン酢とバターでアクセントを加えます。とりひき肉で作れば、よりあっさりと仕上がりますよ。

片栗粉は、肉のつなぎ&つるりとした舌ざわりにするのが役目。これだけは欠かせないのでしっかり加えて。

材料（2人分）と作り方 ≫≫ 油揚げ1枚は箸を転がし、縦一辺を残して切り目を入れて開く。とりひき肉120gに長ねぎのみじん切り5cm分、おろししょうが1かけ分を混ぜて練り、油揚げに詰める。フライパンに入れ、中火で両面をこんがりと焼く。からしじょうゆ適量を添える。

油揚げの上で菜箸をコロコロと転がすと、きれいに開きやすくなる。

あんは丸めてから詰めて、はがれないように油揚げをギュッと押さえて。

餃子の皮を買うときって、勇気がいります。一度買ったら、何十個も作らなきゃいけないなんて……。私は、ちょっとだけ「餃子っぽいつまみ」が食べたいだけなのに！　そんなとき、よく作るのがこちら。皮は油揚げで、キャベツも白菜も省略。でも不思議と餃子感は出るし、あっさりとりひき肉とパリパリ油揚げも相性ばっちり。お財布にもやさしい一品なのです。

油揚げ餃子

かわいい見た目で
お客さんに
出しても大人気

※1人分 162kcal／塩分0.6g

とり手羽と白菜の塩にんにく煮

材料（2人分）と作り方 》》 とり手羽先8本は関節で切り分けて鍋に入れる。にんにく2片、塩小さじ½、水4カップを加え、強めの中火で煮立て、約10分煮る。白菜⅛株（約250g）を一口大のそぎ切りにして加え、中火で約10分煮る。器に盛り、粗びき黒こしょうをたっぷりふる。

関節に包丁の刃元を当て、食べやすく切る。だしが出るので先っぽも煮る。

出てきたアクをこまめに取ると、澄んだ味わいのスープになる。

お酒と汁もの？　いえいえ、これがよいおつまみになるのです。冷たいお酒を一口飲んだら、温かいスープを一口。これで寒い時期の晩酌でも冷え知らず！　しかも、とり手羽でとったスープは、煮るだけなのにしみじみ滋味深い……。肉厚な白菜をトロトロになるまで一緒に煮て、スープをしっかりしみこませましょう。残ったスープで締めの雑炊もオススメ。

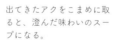

体にしみわたる
滋味深い味わい

※1人分 **275kcal**／塩分**1.7g**

ふわふわつくね

しょうがの風味で
さっぱり
食べられます
※1人分 304kcal／塩分1.7g

材料（2人分）と作り方 ≫ はんぺん1枚は握りつぶし、とりむねひき肉200g、玉ねぎのみじん切り⅛個分、おろししょうが1かけ分、酒、片栗粉各大さじ1を混ぜて6等分し、小判形に丸める。フライパンにサラダ油大さじ1を中火で熱し、両面を約3分ずつ焼く。練りがらし、しょうゆ各適量を添える。

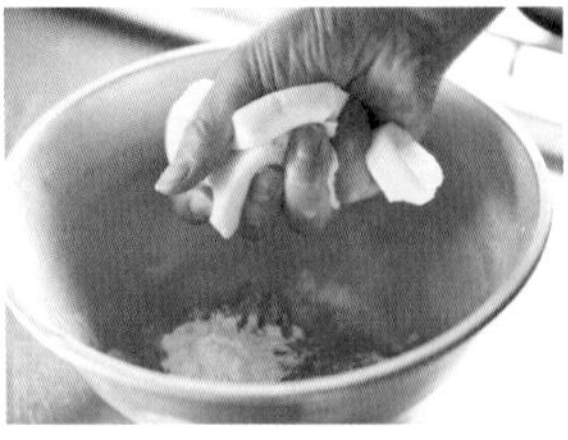
はんぺんは、ひき肉だね全体に混ざるよう、何度かしっかり握りつぶしてから加えて。

煮たり焼いたりして食べることの多いはんぺんですが、実は「つなぎ」としても優秀な食材！　特に、つくねなどのひき肉料理に加えると衝撃のふわふわ感を与えてくれます。ポイントは、思いっ切り握りつぶして入れること。これ、かなり気持ちいいので、ストレス解消にもどうぞ～。さめてもふわふわだから、お弁当にもオススメです。

材料（２人分）と作り方 ››› ピーマン３個は乱切り、しょうが１かけはせん切りにする。豚肩ロース薄切り肉150gは3cm幅に切り、酒大さじ１、片栗粉小さじ１をもみこむ。フライパンにサラダ油大さじ½、しょうがを入れて中火で炒め、豚肉、ピーマンを炒める。しそふりかけ小さじ２で調味する。

ご飯の供・しそ風味ふりかけ。昔からおなじみの商品ですよね。でもこれ、ご飯にかけるだけではもったいない！　しその風味と塩けのバランスがよいので、万能調味料としても使えるのです。オススメは炒めもの。これ1つで味がバチッと決まります。そのほか、ポテトサラダに混ぜても爽やかな風味になりますよ。

乾燥させることで、しその風味がギュッと濃縮。

豚肉とピーマンのしそふりかけ炒め

ふりかけって偉大。
いろんな料理に
使えます

※1人分 226kcal／塩分1.3g

とりときゅうりの水餃子

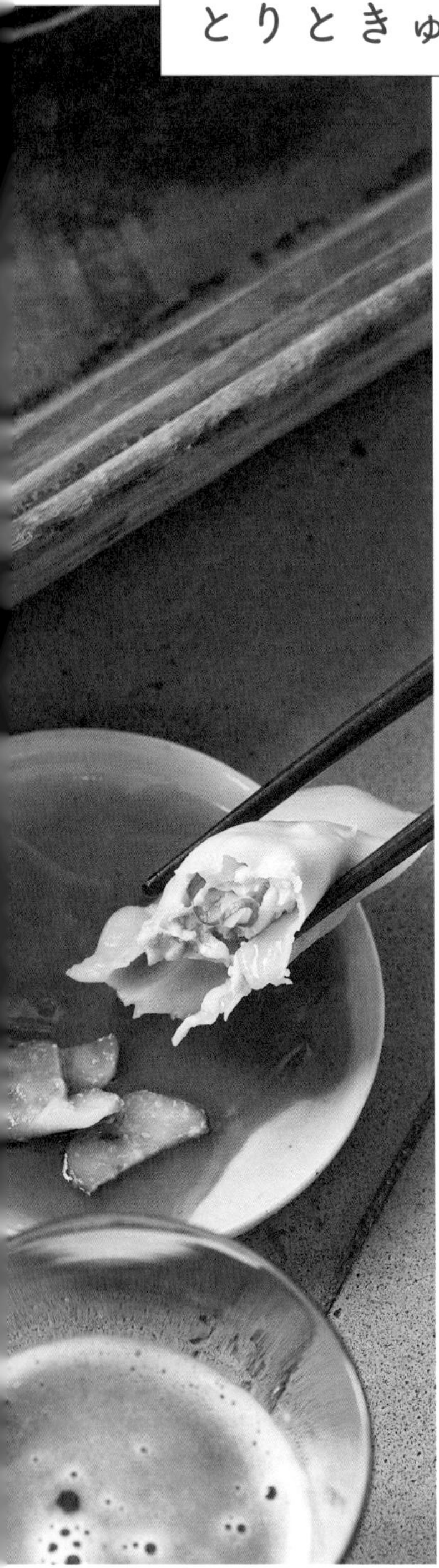

材料（２人分）と作り方 >>> とりひき肉200gにしょうゆ大さじ1、片栗粉小さじ1、きゅうりの半月切り（塩もみして絞る）１本分、長ねぎのみじん切り10cm分を混ぜて練り、餃子の皮20枚で包む。熱湯で約３分ゆで、酢、しょうゆ、ラー油各適量を混ぜて添える。

きゅうりは塩もみして加えると食感よし！

包むときは、皮のまわりに水をつけ、ひだをつけずにペタンと折るだけでOK。

中国で水餃子を食べたときのこと。肉あんの中にシャキシャキとした食感があり、よく見るときゅうり！　現地では定番の具材だそうで、日本に帰ってすぐに実践したものです。きゅうりを加えることであっさりして、いくらでも食べられそう。もちろん焼いてもおいしいですが、水餃子ならゆでてつるんとした食感が美味。軽やかな味わいの餃子を楽しんで。

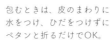

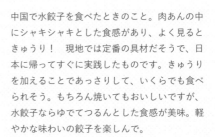

シャキシャキ
きゅうりが
食感のアクセント

※1人分 **314**kcal／塩分**2.1**g

＼しっとり／

塩麹サラダチキン

塩麹に漬けてゆでた「サラダチキン」は裂いて保存しておくと便利！

自家製塩麹。作り方はP48

塩麹×お肉はベストコンビ！

塩麹ブーム、最近またきてますね。私も昔から塩麹の大ファンで、絶大な信頼を置いています。肉や魚を漬けておくと、酵素の力でたんぱく質を分解。しっとりやわらかく、うまみたっぷりに仕上がるのです。特に、とりむね肉は、買ってきたら使いみちを考える前にとりあえず全部漬けておくほど、下ごしらえは一択。シンプルな味わいだから、作っておけばアレンジしやすいのもうれしいですよね。私の定番はとり肉や豚肉ですが、生鮭などを漬けても。

塩麹サラダチキンの作り方

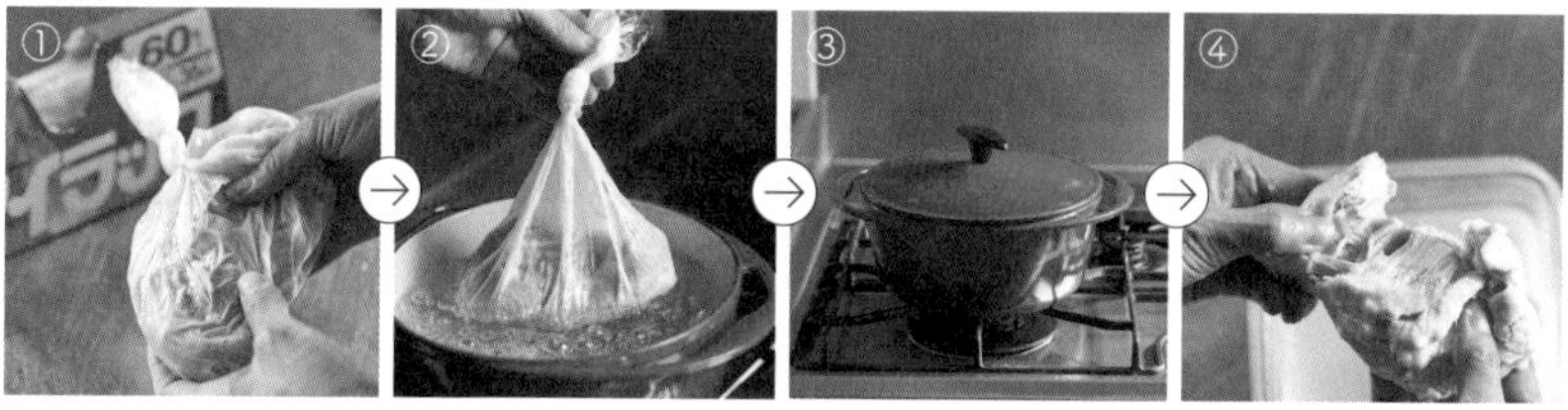

材料（作りやすい分量）と作り方

① とりむね肉１枚（約250g）は皮を取り、耐熱性のポリ袋に入れる。塩麹大さじ２を加え、空気を抜いて袋の口をしばり、全体をもむ。

② 厚手の鍋に湯1.5ℓを沸かし、袋ごと入れる。ふたをしてごく弱火で約５分ゆでる。

③ 火を止めてそのまま粗熱がとれるまで置く。

④ 袋をあけ、塩麹ごと保存容器に移す。とり肉は食べやすく裂き、塩麹をからめて保存する。冷蔵室で約４日間保存可。

こうやって食べてます

塩麹サラダチキンとほうれん草のナムル

材料（２人分）と作り方 ≫ ほうれん草２株は塩ゆでして水けを絞り、4cm長さに切る。ボウルにしょうゆ、ごま油各小さじ１を混ぜ、塩麹サラダチキン40g、ほうれん草を入れてあえる。

塩麹も作ってます

市販のできあがった液体塩麹もありますが、私は自家製派。仕込むのも簡単だし、断然お得に作れるからです。作り方は、乾燥米麹をほぐして塩と水を加えて室温に置いておくだけ。日に日に発酵していく様子をチェックするのも楽しいし、自分好みの塩分にできるのもいいですよね。ご飯を炊くときに加えたり（米2合に塩麹小さじ2）、卵焼きの味つけ（卵3個に塩麹小さじ2）にもどうぞ。

ハナコ流塩麹の作り方

※作りやすい分量。冷蔵室で約3か月保存可。

材料の米麹は、蒸した米に麹菌を付着させ、培養したもの。スーパーで購入可。

① 清潔な保存容器に米麹200gを入れ、指でほぐす。

② 塩60g、水3カップを加えて混ぜる。

③ ふたを少しずらしてのせ、1日1回混ぜながら室温に1週間ほど置く。

④ できあがったら、好みでブレンダーで攪拌《かくはん》してなめらかにする。

塩麹ゆで豚

とりむねは定番ですが、たまに豚ロースでも作ります。かたまり肉で仕込むことでごちそう感が出ますよ。

材料（作りやすい分量）と作り方 >>> 豚肩ロースかたまり肉400gは耐熱性のポリ袋に入れる。塩麹大さじ３を加え、空気を抜いて袋の口をしばり全体をもむ。厚手の鍋に湯1.5ℓを沸かし、袋ごと入れる。ふたをしてごく弱火にし、約20分ゆでて火を止める。そのまま置いて粗熱がとれたら、塩麹ごと保存容器に入れて保存する。冷蔵室で約４日間保存可。

こうやって食べてます

ポッサム風

材料（２人分）と作り方 >>> 塩麹ゆで豚200gは5㎜厚さに切る。サニーレタス適量は食べやすくちぎる。しらがねぎ、白菜キムチ、具割れ菜各適量を添える。サニーレタスで具を巻きながら食べる。

ノンアルのときだってあります。

その進化に驚くほど最近のノンアルはうまい！

これまで休肝日がなかったので、いざ「お酒を飲まない日」をつくるとなるとなんとも手持ちぶさた！ 最初の頃は、本当に困りました。そんなときに助かったのがビール風やレモンサワー風のノンアルコールドリンクの存在。お店に並ぶ商品を片っ端から試して、自分好みの商品を探しました。すると、昔と比べて格段においしくなっていてびっくり。なかでも「アサヒドライゼロ」と「オールフリー〈ライムショット〉」は言われなくてはノンアルとわからないほどのキレ味！ レモンサワーも甘くないものを探した結果、「のんある晩酌 レモンサワー ノンアルコール」に行きつきました。カロリーも糖類もゼロなのがうれしいですよね。休肝日だからといってストレスをためず、ノンアルドリンクを取り入れて上手につきあっていけたらいいな。

たどり着いた
お気に入りを
ストック

炭酸水があれば気分も上がる

お酒風の市販飲料でなくても、実は炭酸水だけで満足できたりもします。氷を入れてレモンを搾れば、なんとなくレモンサワー風？さらには少し甘めのアレンジも。フルーツジュースやフルーツビネガーを炭酸水で割ってカクテル風にするのも定番です。最近ハマっているヨーグルトスカッシュも、だまされたと思ってぜひやってみてほしい！ ラッシー風でおいしいですよ。

材料（すべて1人分）と作り方

グレープフルーツソーダ

>>> グラスに氷を入れ、グレープフルーツジュース、炭酸水各½カップを注ぐ。

ざくろ酢ソーダ

>>> グラスに氷を入れ、ざくろ酢大さじ3、炭酸水¾カップを注ぐ。

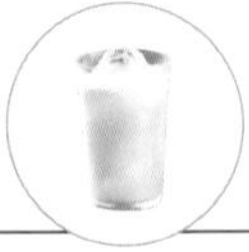

ヨーグルトスカッシュ

>>> グラスに氷を入れ、無糖ヨーグルト100g、炭酸水½カップを加えて混ぜる。好みではちみつ大さじ1を加える。

最近導入したスウェーデン「アールケ」の炭酸水メーカー。ペットボトルごみ削減で快適！

炭酸水割りのノンアルカクテルも作ったり

野菜はどれだけ食べても良い。

「野菜をたくさん食べましょう」。これはもう、子どもの頃から言われ続けてきた野菜＝健康の法則。私自身、もともと野菜が大好きなのでモリモリ食べてきましたが、大人になって思うのが「野菜1種だけで作るおつまみの良さ」です。

ほうれん草だけ、れんこんだけ、じゃがいもだけ……。いくつもの野菜をいろいろ組み合わせるのではなく（八宝菜とかも好きだけど！）、いさぎよく1種。何より簡単だし、素材の味が際立ってお酒ともよく合います。

なかなか野菜を摂れない人にオススメなのは作りおき。私はいつも、時間があるときに数種類の「野菜常備菜」を仕込んで冷蔵庫に確保しています。というと手間がかかりそうですが、ポイントは料理とも言えない状態で保存すること。ただ野菜を切っただけ、ゆでただけ、塩もみしただけ……。これだけでも野菜の摂取量は格段に増えるはず。なぜなら人が野菜料理を面倒くさいと思う要因は、皮をむいたり切ったりすることだから（断言）！

不思議なもので、切った状態の野菜が冷蔵庫にあれば、「ここまでしてあるなら炒めようかな」とか思うのですよ。元気があるときの自分よ、途中までやってくれてありがとう。

それと、半端野菜が集まったら、すべて豚汁にぶっこむというのも私がよくやるテクのひとつ。豚汁は小宇宙、どんな野菜も受け止めてくれます。それこそしなびたトマトでも3房だけのブロッコリーでもどんとこい。休肝日には、これをどんぶり一杯食べることもよくあるなあ。

私の中で、野菜はいくら食べてもOKな食材。日本ならではの旬を感じながら、季節の野菜を楽しみましょう！

ほうれん草の明太ユッケ

材料（２人分）と作り方　>>>　ほうれん草１わはさっとゆでて水にさらし、4cm長さに切る。ボウルに薄皮を除いたからし明太子40g、しょうゆ、ごま油各小さじ１と、焼きのり¼枚をちぎって混ぜ、ほうれん草を加えてあえる。器に盛り、卵黄１個分をのせる。

明太子は、包丁で薄皮に縦に切り目を入れてからスプーンでかき出す。

「ユッケ」とは、生の牛肉をたたいて作る韓国料理。日本では馬肉のユッケしかほぼ食べられなくなりましたね〜（大好きだったので悲しい）。でも、ある日気づいたのです。「しょうゆ＋ごま油＋卵黄であえれば、なんでもそれっぽい味になる！」。生肉の気配を加えるために明太子で生っぽさを足せば、まさかのほうれん草だってユッケ風になっちゃいます。

みずみずしい青菜を
たっぷり食べられます

※1人分 **105** kcal／塩分 **1.6** g

アンチョビのりれんこん

意外にも根菜は
洋風アレンジが
おいしいんです

※1人分 101kcal／塩分0.9g

材料（2人分）と作り方 ≫ れんこん200gは5㎜厚さの半月切りにして水にさっとさらす。フライパンにバター10g、刻んだアンチョビー3枚分を入れて中火で炒め、れんこん、酒大さじ2を加えて約3分炒める。青のり大さじ1をからめる。

アンチョビーは、バターでしっかり溶かすように炒めて火を入れる。

アンチョビーが残ったら、重ならないようにラップで包んで冷凍保存を。

サクサクとした食感が楽しい、れんこんやごぼうなどの根菜。私が好きなのは洋風アレンジ。オススメはバター×アンチョビー×青のりという組み合わせです。バターとアンチョビーは、パンにのせるだけでもワインのつまみになるゴールデンコンビ。そこにサクサク歯ごたえのれんこんと、香りのよい青のりが加わると、よりお酒が進む一品になるのです。ごぼうでもどうぞ。

材料（２人分）と作り方 >>> れんこん120gは3㎜幅に切り、熱湯で２～３分ゆで、ざるに上げる。クリームチーズ60gは室温にもどし、みそ大さじ1、おろしにんにく⅓片分を混ぜる。れんこんの粗熱がとれたらチーズであえ、万能ねぎの小口切り１本分をのせる。

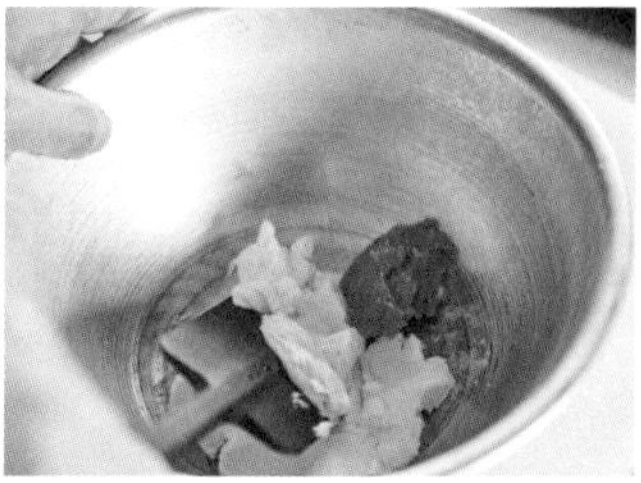

みそやにんにくで、つまみ度アップ。ゆずこしょうや粒マスタード、ほぐし明太子などでもアレンジしてみて。

れんこんといえば、きんぴらや煮ものなど和風の料理で食べることが多いかもしれませんが、実は乳製品との相性も抜群。特にチーズはぴったりです。ピザ用チーズをのせて焼くのもおいしいですが、オススメはクリームチーズ。みそとにんにくでアクセントを加えてあえごろもにすれば、日本酒にもワインにもぴったりなおつまみになりますよ！

れんこんのクリチみそあえ

チーズとみそ。発酵食品同士の相性が抜群です

※1人分 144kcal／塩分1.4g

ぎっしりねぎの豚巻き照り焼き

材料（2人分）と作り方 ≫ 万能ねぎ10本は12cm長さに切る。豚バラ薄切り肉130gを半量ずつ広げ、ねぎを半量ずつ巻いて小麦粉を薄くまぶす。フライパンにサラダ油小さじ1を中火で熱し、転がしながら焼き、しょうゆ、酒、みりん各大さじ2、砂糖大さじ1を混ぜて加え、からめる。

豚肉は万能ねぎの長さに合わせ、少し重なるように並べる。万能ねぎはギュッときつめに巻いて。

巻き終わりを下にして焼き始めれば、肉がくずれにくくなる。

みんなが大好きな肉巻き。薄切り肉で食材を巻くだけなのに、手が込んで見えるのがうれしいですよね。私のオススメは大量の万能ねぎ「だけ」を巻く肉巻き！　万能ねぎを添えものの薬味でなく、立派なメイン具材としても使っちゃいましょう。豚バラの脂や甘辛照り焼き味にぴったり合いますよ。たれは煮詰め過ぎず、仕上げにとろ～りとまとわせて。

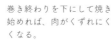

万ねぎも立派な野菜。
ほどよい辛みが
あって美味

※1人分 **373**kcal／塩分**2.7**g

アボカドのなめろう

コク深く、手が止まらないおいしさ

材料（２人分）と作り方 >>> アボカド１個は縦半分に切り、果肉をくりぬいて粗く潰す。みそ小さじ２、おろししょうが½かけ分、白すりごま大さじ１、万能ねぎの小口切り４本分を混ぜる。焼きのり適量を食べやすく切って添え、のせながら食べる。

アボカドは熟れたものを選び、皮をむかずにスプーンでくりぬく。

みそはだまにならないよう、アボカドとなじませるように混ぜて。

一般的に「なめろう」といえば、あじなどを包丁でたたき、薬味やみそを混ぜ込んだ魚料理。でも、ある日気づいたのです。もしや、ねっとり食感の食材に薬味とみそを混ぜればなめろう風？　試しにアボカドで作ってみたら、これが大正解。ポイントは、必ずしょうがとみそを入れること。磯の風味を加える焼きのりにのせて、日本酒のお供にどうぞ！

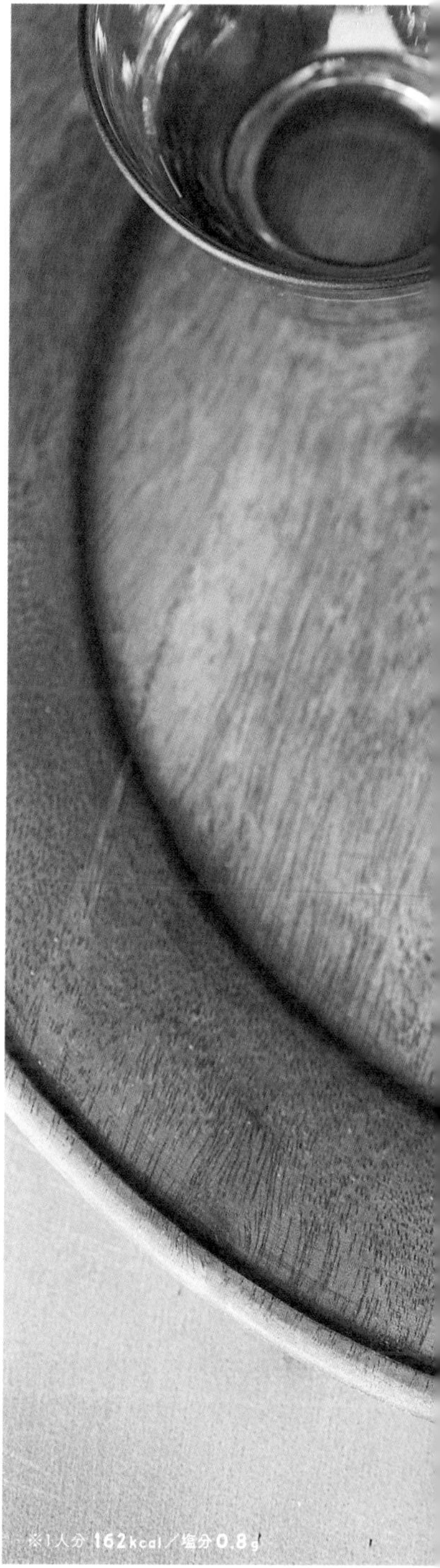

※1人分 162kcal／塩分0.8g

ごぼうとツナのクリームチーズあえ

ごぼうの
独特の香りが
ワインにぴったり

※1人分 226kcal／塩分1.8g

材料（2人分）と作り方 ≫ ごぼう½本はせん切りにする。フライパンにサラダ油小さじ1を中火で熱し、ごぼうを炒めて酒、砂糖、しょうゆ各大さじ1で調味する。ボウルにクリームチーズ40g、ツナ缶70g、ごぼうを入れてあえる。器に盛り、白いりごま小さじ½を散らす。

きんぴらごぼうが大好きなので、せっかくならと1袋（3本分！）まとめて作ったことがありました。最初のうちは「食べ放題だ！」と喜んでいたのですが、さすがに飽きる……。そこで、なんとかアレンジして食べ切ろうと思いついたのが、クリームチーズであえること。これが意外にも相性抜群！　一気にワインに合うおしゃれなおつまみになります。

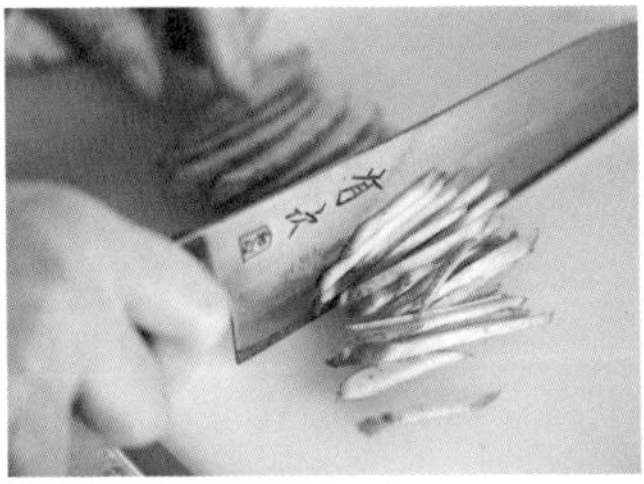

ごぼうは斜め薄切りにして少しずつずらして重ね、端から切るようにすると均一に切ることができる。

材料（2人分）と作り方 ≫ 長いも150gは皮つきのまま8㎜厚さの半月切りに、玉ねぎ½個とにんにく1片は縦薄切り、ウインナソーセージ3本は斜め半分に切る。フライパンにオリーブ油大さじ1を中火で熱し、すべての材料をこんがりと炒め、塩、粗びき黒こしょう各少々をふる。

長いもは炒めている間にくずれないよう、少し厚めの8㎜厚さに。皮つきのまま切ることで、さらにくずれづらく。

ジャーマンポテトといえば、じゃがいも、玉ねぎ、ソーセージなどを炒めたおつまみ。肉のうまみがじゃがいもにからんで、ビールにぴったりですよね。このメニュー、実はじゃがいもをほかのいも類に変えてもおいしいのです。私のオススメは長いも！　生でも食べられるのでさっと炒めたサクサク食感もいいし、しっかり炒めたホクホクもたまりません。

ジャーマン長いも

シャクシャクの歯ざわりで新鮮な味わい

※1人分 212kcal／塩分0.8g

一口大根もち

外側はカリッ、
中はもちもち食感で
やみつきに

材料（２人分）と作り方 〉〉〉 大根300gはおろしてざるにあけ、小麦粉、片栗粉各40g、ちりめんじゃこ、紅しょうが各10g、長ねぎのみじん切り10㎝分、塩小さじ¼と混ぜる。フライパンにごま油大さじ２を中火で熱し、一口大に並べて両面を焼く。

ちりめんじゃこや紅しょうがのほか、ベーコンやチーズなど好みの具でもOK。

生地はお好み焼きくらいのゆるさに。多めのごま油でカリッと焼く。

定番点心「大根もち」。本来は上新粉や浮き粉に大根を混ぜ、生地を蒸してから焼いて……と、なかなか手間がかかります。でも小麦粉と片栗粉を使い、いきなり焼いてもそれっぽいものができちゃう！　ポイントは大根おろしの汁けは軽めにきること（約230gになる）。生地に塩を加えず、からしじょうゆで食べてもおいしいですよ。焼きたてのカリカリもちもちをどうぞ！

※1人分 **190kcal**／塩分**1.4g**

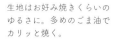

梅しそさっぱりポテサラ

爽やかな香りで
さっぱりとした
オトナ味

※1人分 224kcal 塩分2.5g

材料（2人分）と作り方 >>> じゃがいも2個（約200g）は四つ割りにして耐熱ボウルに入れ、水大さじ2をふってラップをかけ、電子レンジで約6分加熱し、粗く潰す。牛乳、梅肉各大さじ2、オリーブ油大さじ1と、青じそ4枚をちぎり入れ、ツナ缶1缶（約70g）の缶汁をきって加え、混ぜる。

じゃがいもは水をふって加熱すると、しっとり仕上がる。

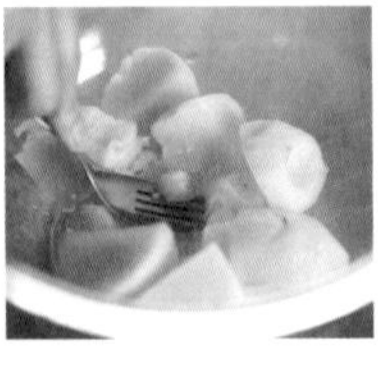

竹串がすっと刺さるようになったら、熱いうちにフォークで潰す。

ポテトサラダといえば、マヨネーズ味で具はハムときゅうり。もちろんそれもおいしいのですが、お酒に合わせるときはオリーブ油ベースにしてマヨなしにすると、オトナの味わいに仕上がります。梅肉、しそを加えると和風になり、ワインにも日本酒にもぴったり。今回はツナ入りですが、ちくわやかにかまで作っても新たなおつまみポテサラの扉が開くはず！

材料（２人分）と作り方 ≫ じゃがいも２個は3cm角に切り、ラップで包んで電子レンジで約３分加熱する。フライパンにオリーブ油大さじ１を中火で熱し、じゃがいもを入れて焼く。あさり12個、酒¼カップ、バター10g、ゆずこしょう、しょうゆ各小さじ１を加えてふたをして約３分蒸す。

春のあさりは、身がふっくらと大粒になりうまみも十分！　この蒸し汁を余すことなくじゃがいもに吸わせれば、いつものじゃがいもが極上のおつまみになります。あさり＋バター＋ゆずこしょうの相性がよいので、じゃがいもの代わりにゆでたパスタを加えれば手軽なランチにも。うまみたっぷりなおいしいあさりの蒸し汁を、一滴も残さずに使い切って！

電子レンジで加熱したじゃがいもは、最初にしっかり焼き目をつけることでこうばしい仕上がりに。

じゃがいもとあさりの ゆずこしょうバター蒸し

あさりのうまみを含んだじゃがいもが◎

※1人分 179kcal／塩分1.7g

エリンギとズッキーニのジョン

ころもをまとわせて
焼くだけで
どんな野菜も見違えます

※1人分 **191**kcal／塩分**1.1**g

材料（２人分）と作り方 》》》 エリンギ１本は縦5㎜幅に切る。ズッキーニ½本は横5㎜幅に切る。小麦粉を薄くまぶし、溶き卵１個分にくぐらせる。フライパンにサラダ油大さじ２を弱めの中火で熱し、両面を２〜３分ずつ焼く。ポン酢じょうゆ、コチュジャン各適量を添える。

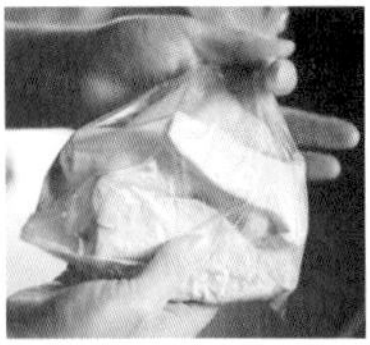

小麦粉をまぶすときはポリ袋の中でシャカシャカ振るとラク！

多めの油で揚げ焼きにするのが、おいしさの秘訣。

韓国料理で私のおつまみによく登場するのが「ジョン」。食材に小麦粉をまぶし、溶き卵をからめて焼いた料理です。薄切りの肉や魚はもちろん、冷蔵庫に残った野菜も片っ端から使ってOK。なかでもオススメはエリンギ。シコシコとしたエリンギの食感とやさしい卵の生地がベストマッチ！　色合いがきれいなズッキーニやオクラと合わせて。

材料（２人分）と作り方 >>> とうもろこし２本は薄皮を１枚残してむいてラップで包む。電子レンジで約８分加熱し、薄皮を除いて３等分に切る。フライパンにオリーブ油大さじ１を中火で熱して色よく焼き、バター10gをからめる。器に盛り、粉チーズ10g、一味とうがらし少々をふる。

とうもろこし農家さんが「ゆでるより手軽でおいしい」と太鼓判！　１本ずつラップで包んで、途中で上下を変えるとむらなく火が通る。

塩ゆでするだけでもおいしいとうもろこしですが、ここ数年、私の中でのブームな食べ方は「グリルドコーン」。N.Y.にあるキューバ料理レストランで生まれた人気メニューで、とうもろこしにバターと粉チーズとチリパウダーをたっぷりからめていただくのです。もうこれが、ビールに合い過ぎる～！　しっかりめにこうばしく焼き目をつけて、あつあつをガブリとどうぞ。

チリベイクドコーン

コーンの甘みと
一味の辛みが最高の相性です

※1人分 254kcal／塩分0.3g

魚の良さに気づいてきた。

「肉よりも魚をよく食べています」という人、わりと珍しいのでは。私も30代くらいまでは、そんな感じでした。食べるとしても、焼き鮭とか居酒屋さんでの刺し盛りくらい……？　ところが40代になってくると、かなり状況に変化が。もはや肉5：魚5くらいの割合をキープしています。いやー、ホントに魚、食べるようになったなあ（しみじみ）。

そのきっかけは、年齢とともに肉の脂がきつくなってきたというまぎれもない事実。カルビを食べに焼き肉屋さんなんて、年に一度行けばもう十分。霜降りの和牛すき焼きにいたっては、2枚食べたら撃沈です。そして翌日の胃がつらい。

自然と刺し身や焼き魚、煮魚の出番が増え、晩酌も魚モードに。脂がのったさばやぶりには「不飽和脂肪酸」という中性脂肪を減少させる「良い脂」だったり、これからの自分に必要な栄養素が含まれているのも心強いですよね。
何より、魚介って意外と調理法がシンプルで簡単。1尾まるごとを買ってさばくのはたいへんだけれど、切り身の煮魚なんて煮汁に入れてガーッと煮るだけ。5分でできる超スピード料理だと思っています。

切り身以外に私がよく利用するのは、市販のしめさばや刺し身、すり身の加工品（はんぺん、ちくわ……）など。そのままでも食べられるけれど、そこに薬味や野菜、調味料を加えてお酒に合うようアレンジするのです。

刺し身なら、しょうゆとわさびでサッとあえて「づけ」にしたり、しめさばは生野菜と合わせてサラダ風にしてみたり。オリーブ油を加えると、日本酒はもちろんワインにもぴったりの一品になりますよ。ぜひ3日に一度は、魚で晩酌を！

刺し身の薬味あえ

鯛以外にも
サーモンなど
どんな刺し身でもOK

※1人分 **87**kcal／塩分**0.9**g

材料（2人分）と作り方 ≫ 鯛の刺し身（さく）80gはそぎ切りにする。みょうが1個は縦半分に切り薄切り、青じそ4枚、しょうが½かけはせん切りにする。ボウルにしょうゆ小さじ2、白ごま、オリーブ油各小さじ1を混ぜ、鯛、薬味を加えてあえる。

刺し身をしょうゆとわさびでサッとあえる「づけ」。冷蔵庫で15分ほどおくと、ねっとりした食感になって日本酒が進む！　その進化版が「薬味あえ」です。みょうがやしそなど、たっぷりの薬味をこれでもかと加えてあえるだけ。私は、刺し身と同量くらいの薬味たっぷりが好みです。オリーブ油を加えて、香りとコクをプラスして。

材料（2人分）と作り方 >>> しめさば80gは5㎜厚さのそぎ切りにする。大根200gは薄い半月切りにして塩少々でもみ、水けを絞る。ボウルにレモン汁½個分、オリーブ油大さじ½、しょうゆ、粒マスタード各小さじ½を混ぜ、しめさばと大根を加えて混ぜる。

魚売り場にある市販のしめさば。ほどよいあんばいにしめて味つけされているので、私はよく買います。でも、そのまま食べることはあまりなく、野菜と合わせてマリネにしたり、少しあぶって酢飯と合わせてさば棒ずしにしたり……。シンプルなので、アレンジしやすいのがうれしいですよね。今回は大根と合わせましたが、かぶやきゅうりでもどうぞ！

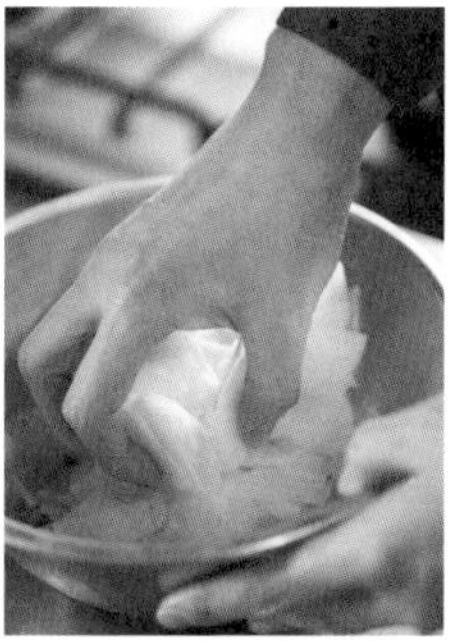

大根は塩もみし、水けを絞る。塩分が気になる人は、さっと洗って加えて。

しめさばの大根マリネ

うまみたっぷりの
しめさばは、
みずみずしい
野菜と好相性

※1人分 **162kcal**／塩分**1.3g**

鮭と豆苗のレンジ蒸し 韓国だれ

胃にもやさしく
栄養バランスも
ばっちり！
※1人分 196kcal／塩分1.8g

材料（2人分）と作り方 >>> 耐熱の器に生鮭2切れ、豆苗1袋を長さを半分に切って入れ、酒大さじ1をふる。ふんわりとラップをかけ、電子レンジで約2分加熱する。たれ（コチュジャン大さじ1　しょうゆ小さじ2　砂糖、ごま油各小さじ1）を混ぜてかける。

生鮭に酒をふってせいろで蒸すとふわふわになっておいしいものですが、急ぐときは電子レンジにお任せ。そのとき、たっぷりの野菜も一緒に加熱するとバランスがよくなります。豆苗ならまるごと1袋！　意外とぺろりと食べられますよ。コチュジャン入りのピリ辛だれをかけると、パンチがきいておつまみにぴったり。さらに酢を加えるのもオススメです。

豆苗のほか小松菜やピーマン、きのこ類なども相性抜群。魚はたらやさわらなども合う。

材料（２人分）と作り方 ››› 塩鮭（甘塩）２切れは熱湯に入れて弱火で３〜４分ゆでて骨と皮を除き、ざっくりほぐす。ボウルに大根おろし200gを軽く汁けをきって入れ、鮭と混ぜて器に盛る。しょうゆ小さじ１、オリーブ油大さじ１をかけ、青じそのせん切り４枚分をのせる。

鮭は、グラグラ煮立てず、弱火でゆでるとしっとり仕上がる。

一度にゆでて、ほぐしてご飯やじゃがいもや卵に混ぜて活用しても！

塩鮭といえば、グリルや網で焼くのが常識。ところが、私が最近ハマっているのは「ゆで塩鮭」！　お湯で塩鮭をゆでるだけなのですが、身が超しっとりと仕上がるのです。塩けも抑えられて、なんだか味も食感もやさしいのがうれしい。特売の日にまとめて買って、「ゆで塩鮭」ストックを作っておくと何かと便利です。

ゆで鮭のおろしあえ

鮭はゆでると超しっとり！ぜひ試してみて

※１人分 **275kcal／塩分2.2g**

塩さばのマース煮風

青魚の栄養を
たっぷり摂りたいときに
よく作るメニュー

※1人分 207kcal／塩分1.9g

材料（2人分）と作り方 >>> 塩さば（半身）1枚は4等分に切って鍋に並べ、レモンの半月切り4枚、しょうがの薄切り2枚、酒、水各½カップを加え、中火にかける。煮立ったらブロッコリー¼個を小房に分けて加え、落としぶたをして約3分煮る。塩小さじ¼で調味する。

ブロッコリーは時間差で投入。野菜も一緒に摂れる。

煮汁を均一にいきわたらせるため、アルミホイルで落としぶたを。

沖縄に「マース煮」という塩と泡盛と香味野菜で魚を煮る料理があります。しょうゆの甘辛味と比べて、暑い地域でもあっさりと食べやすく、私も夏になるとおつまみに作る定番。レモンを加えるとより爽やか〜。ポイントは魚の臭みをとる酒をたっぷりと使うこと。今回は手軽に塩さばを使いましたが、好みの切り身魚で同様に作ってもおいしいですよ！

材料（２人分）と作り方 ≫ はんぺん２枚（約200g）は手で潰し、玉ねぎのみじん切り¼個分、ゆで枝豆正味100g、片栗粉、マヨネーズ各大さじ１、塩少々と混ぜ、８等分して平らな円形にする。フライパンにサラダ油大さじ２を中火で熱し、両面を約２分ずつ焼く。

両面をこんがりと焼き色がつくまで焼く。

揚げたてのさつま揚げって、ものすごくおいしいですよね。でも、ベースとなる白身魚をすり鉢でするのはハードルが高い！　そこで登場するのがはんぺん。原料は、ほぼ白身魚です。しかも、握りつぶせばOKってすばらしい〜。あとは調味料と好みの具を加えて焼くだけ。枝豆以外にも、にんじんやひじきなどお好みの具でオリジナルさつま揚げを楽しんで。

枝豆入りさつま揚げ

できたての
おいしさに
感動する
ふわふわ感！

※1人分 337kcal／塩分1.9g

ハナコ的
ゆる晩酌のとも

成田理俊さん作の ベンチ

鉄のフライパンで人気の鍛造作家・成田理俊さんによるベンチ（非売品）。ご縁あって譲り受け、我が家のリビングにやってきました。さすが、アイアンの脚がカッコいい！　ここに座って、夕方からのんびりワインを飲んだりするのがリラックスタイムです。

自宅でのゆる晩酌。よりお酒を楽しめるよう、自分にとって快適なシチュエーションや、お気に入りのグッズをそろえています。

リビングはもちろん、キッチンもお気に入りの晩酌スペースのひとつ。さらに、実は我が家にはサブキッチンと、オリーブの木の立ち飲みカウンターもあるのです。これぞ自宅を建てるにあたってこだわったことのひとつ。

家の中のどこでも、お酒を飲もうと思えばそこは酒場。ベランダで、寝室で、自分の好きな場所でゆるりと楽しみましょう。

ポータブルスピーカーでどこでも音楽を

心地のいい晩酌をするには、音楽が不可欠。我が家では3か所に「JBL」「BOSE」などのポータブルスピーカーを設置しています。メイン照明は落として、間接照明に切り替えるのも晩酌の始まりの印。立ち飲みカウンターのパキスタン製ランプに癒されながら、お酒を手にいい音にひたります。

いろいろおちょこ

日本中はもちろん、世界各国から集めたおちょこなどの酒器。実際には日本酒用ではなかったとしても、合いそうであれば使っています。写真左下の柄物シリーズは、香港で買ったもの。たぶんお茶用かな？　右上は山形、左上は富山の作家さんの手によるものです。旅先で買うと、思い出もよいおつまみに。

ワインはお気に入りのグラスで

ワイングラスは、「木村硝子店」の「バンビ」シリーズ。華奢で、ころんとしたフォルムがかわいくてお気に入り。そのほか、「松徳硝子」の「うすはり」シリーズは、日本酒用もビール用のタンブラーも愛用。飲み口が薄いので、いつものお酒も、よりおいしく飲める気がします。薄いので割らないようご注意！

手軽なお酒を
ストック

晩酌の日なら、最初に飲むのはハイボール。大きめのグラスに氷をたっぷり入れて、ニッカのウイスキーを注いで炭酸水を加えます。どうせ飲むからと、いまや4ℓのお得な業務用を買うように！　1プッシュで適量が出るディスペンサーも買ったので、お店気分を楽しんでいます。

業務用の冷蔵庫で
気分が上がる

食品用の冷蔵庫とは別に愛用しているのが、「ホシザキ」の業務用飲料冷蔵庫。もちろん普通の家庭用冷蔵庫でも十分なのですが、家にあったら楽しいかなと思い切って購入しました。ガラス戸なので中身が見えて在庫も一目瞭然。好きなお酒を買いそろえてラベルを並べ、居酒屋さん気分を味わっています。

ゆるめの運動を始めました

トレーニングジムに入会したものの、忙しくて通えない日もあるもの。そんなときは、自宅で少しだけトレーニングをしています。とはいえ、簡単なスクワットや、ヨガマットを使ったストレッチ、ダンベルでのパーツトレーニングくらい。でも、「少しだけどやったぞー」という気持ちが満足感につながります。

そしてあんちゃん

晩酌の大切な相棒が、13歳の愛猫「あんきも」。甘えん坊で、私が家にいるときは大抵近くで寝ています。ゆったりお酒を飲みながら、あんちゃんの好きなおもちゃで遊ぶのも至福のひととき。基本的に人間の食べ物には手をつけませんが、魚でできたかまぼこはちょっと気になるみたい……。

地味でも実力派の乾物たち。

全国へ出張に行くと、ついつい自分用のお土産に買いがちなのが海藻や豆類、切り干し大根などの乾物。軽いし、常温でOKだし、保存期間が長いし、その土地の風土を表わしているし……そして、体にもいい！

そんなわけで、私の台所には巨大な「乾物専用ボックス」があり、毎日せっせと消費しています。もちろん定番の煮ものなども作りますが、それだけではもったいない。なぜなら、乾物には無限の可能性があると思うのです。

おつまみにピッタリなのは、サラダやおひたしにすること。水でもどしてサッとゆで、いろいろなドレッシングや野菜とあえたり、漬け汁にひたしていきます。甘辛味の煮ものよりも、飽きずにモリモリ食べられる一品に。

しょうゆやみそなど和の食材だけでなく、バターやチーズ、ソーセージやハムなどと合うのも発見のひとつ。ワインを飲むときに、「そうだ、ひじき食べよう」と思うときが来るなんて！　オリーブ油、にんにく、赤とうがらしで炒めるペペロンチーノ風ひじきもおすすめです（これにパスタを加えればヘルシーなランチになりますよ）。

乾物のほか、地味だけれど体によくておいしいものって、実はたくさんありますよね。例えば、こんにゃくやしらたき、甘栗やプルーンなどのドライフルーツ、ナッツ類……。このあたりも常備して隙あらばおつまみに。プルーンをベーコンで巻いてようじで留めて焼いたものや、大量の砕いたナッツを入れたかぼちゃサラダは、一時期ドはまりしていました。

使い方を限定してしまうと、なかなか出番が来ない乾物。自由な心でガンガン使い倒しましょう～。

ひじきと玉ねぎの
しらすサラダ

わしわし
食べられる
テッパン常備菜

材料（2人分）と作り方 >>> 芽ひじき（乾燥）10gは水でもどし、熱湯で約10秒ゆでる。紫玉ねぎ⅛個は薄切りにする。ボウルにひじき、玉ねぎ、釜揚げしらす20g、レモン汁1個分、白いりごま、しょうゆ各大さじ1を入れて混ぜる。

ひじきのもどし時間は20分くらいが目安。

ひじきとレモンは好相性。それに気づいてから、もっぱらひじきはサラダで食べるようになりました。当初このサラダは自分用に作っていたのですが、ホムパで出すたびに大好評！ 「どうやって作るの？」と何回聞かれたことか……。紫玉ねぎだと見た目がいい＆辛みも少ないけれど、普通の玉ねぎで作るなら水にさらして、ギュッと水分を絞ってから加えて。

※1人分 59kcal／塩分1.8g

わかめと卵のふわふわ炒め

海藻を
炒めものに使って
新鮮な印象に

※1人分 91kcal／塩分1.0g

材料（２人分）と作り方 ≫ 塩蔵わかめ15gは水でもどし、4cm長さに切る。卵２個は溶きほぐし、とりガラスープの素小さじ¼、塩少々を混ぜる。フライパンにごま油小さじ1を中火で熱し、卵液を入れてふんわりと炒める。端に寄せてわかめ、しょうゆ小さじ½を加え、約30秒炒め、卵と合わせる。

毎日でも食べたいわかめ。でも、みそ汁ばかりでは飽きてしまう。そこで私がよくやるのは、わかめ炒め！　ごま油でサッと炒めてしょうゆをチラリでも、よいおつまみになるのです（しょうがのせん切りも入れるとさらによし）。ボリュームアップしたいときは卵をプラス。ポイントは、先に卵を炒めておくこと。シャキシャキふわふわのコントラストが味わえます。

材料（２人分）と作り方 >>> こんにゃく300gは一口大にちぎって下ゆでする。フライパンにサラダ油大さじ½を中火で熱し、こんにゃくを炒める。しょうゆ大さじ２、酒、水各大さじ１、おろしにんにく少々、バター10g、パセリのみじん切り大さじ１を加えてからめる。

こんにゃくをワインやビールと合わせたいなあと思いついたのが、このおつまみ。パセリとバターの風味が、意外にもこんにゃくと合うのです。ただし、味がしみにくい食材なので、小さくちぎって炒めることが大切。ちぎることで断面が多くなり、包丁で切るよりも味がからみやすくなりますよ。仕上げのパセリは、たっぷりのしそのせん切りでもOKです。

独特のくせがあるこんにゃくは下ゆでを。このひと手間で仕上がりが変わる!

まるで貝のバター焼き!?な食感と味を楽しんで

ちぎりこんにゃくのパセリバター炒め

※1人分 85kcal／塩分2.7g

ひじきとチーズのきんちゃく

サクサク、ふっくらの
油揚げの中から
チーズがとろっと

材料（2人分）と作り方 ＞＞＞ 芽ひじき（乾燥）大さじ3は水でもどす。フライパンにサラダ油小さじ1を中火で熱し、芽ひじきをさっと炒め、めんつゆ（3倍濃縮）、みりん各大さじ1を加えて火を止める。スライスチーズ2枚は十字に切る。油揚げ2枚を半分に切り、口を開いてひじき、チーズを加えてようじで留め、魚焼きグリルで約3分焼く。

ひじきは具なしでシンプルに炒めて味をつけるだけ。市販のひじき煮を使ってもいい。

油揚げは半分に切って具を詰めて。口が開きにくいときは、まな板にのせて菜箸を転がして。

お気に入りの豆腐屋さんの自家製お惣菜からヒントを得て、よく作っている「ひじききんちゃく」。甘辛くサッと炒め煮にしたひじきとチーズに、サクサクの油揚げがよく合うのです。お店では、さらに生ゆばが入っており、これまたとろ〜り感がたまらない……おいしいうえに、すべて体にいいものなのが最高ですよね。余裕があれば、ぜひ生ゆばも加えてお試しを。

切り干し大根とハムのポン酢サラダ

乾物だけど
しみじみし過ぎない、
よく作る一品

※1人分 **88kcal**／塩分**1.2g**

材料（2人分）と作り方 >>> 切り干し大根15gは水でもどし、熱湯でさっとゆでて水けを絞り、ざく切りにする。ハム4枚、きゅうり¼本はせん切りにする。ボウルにポン酢じょうゆ大さじ1、ごま油小さじ1を合わせ、すべての具材を加えてあえる。

もはや私にとって、煮ものよりも作る頻度が高いといっても過言ではない切り干しサラダ。さっとゆでたシャキシャキの歯ごたえがくせになり、どんぶり1杯作ってもすぐになくなってしまうほど！　特にこのきゅうりとハムを加えた冷やし中華風のサラダはお気に入り。ゆで卵をのせたり、ハムの代わりにちくわやツナを入れてもおいしく食べられます。

殺菌のために切り干し大根をゆでる時間は30秒ほど。ゆで過ぎると食感がなくなってしまうので注意して。

材料（２人分）と作り方 ≫ しめじ½パック（約50g）はほぐす。エリンギ60gは長さを３等分し薄切りにする。ベーコン１枚は１cm幅、甘栗60gは半分に切る。フライパンにオリーブ油大さじ１を中火で熱し、すべての具材を入れて炒め、酒、酢各大さじ１、塩、こしょう各少々で調味する。

一年中楽しめる市販の甘栗。私はおやつに食べるだけでなく、ワインのおつまみにも登場させています。特にベーコンとの相性が甘じょっぱくて抜群！　独特のホクホクした食感と甘みが、塩味の炒めもののいいアクセントになるのです。

甘栗はコンビニなどで売ってるもので大丈夫。

ほのかに甘酸っぱい
味わいで
くせになります

きのこと栗のビネガーソテー

※1人分 173kcal／塩分0.4g

こってりメニューをあっさりに！

とろけるチーズに濃厚な生クリーム、大好きです。グラタン、ピザ、クリームシチュー……脂肪分の高い乳製品って、なんであんなにおいしいのかしら。だがしかし、食べ続ければ背徳感があるのはいなめない。しかも寝る直前の晩酌タイムに、そんなものをおなかいっぱい食べていいものか。さすがに最近は、少し気をつかうようになりました。

乳製品のいいところは、種類も乳脂肪分もさまざまなこと。原材料の牛乳って偉大だなあ。ピザ用のチーズやクリームチーズはカロリーも乳脂肪分も高めですが、カッテージチーズならかなりヘルシー。あっさりしているので、いろいろなものと相性良し！　私は「乳製品界の豆腐」と呼んでおり、みそやすりごまを加えて白あえのころもに使ったりもしています。りんごやぶどうなど、果物をあえるとワインにもぴったり！
ヨーグルトも強い味方ですが、最近気に入っているのはギリシャヨーグルト。少し水分を抜いたかためのヨーグルトで、コンビニやスーパーでも手に入るようになりました。甘くして食べるのが定番だと思いますが、私はもっぱら塩やおろしにんにくを加えて使います。焼いた肉や魚にかけると一気におしゃれな味に。バゲットなどにたっぷりぬって、生ハムやトマトをのせてブルスケッタ風にしてもいいですね。

とはいえ、こってりチーズも生クリームもやっぱり大好き。友人との楽しい外食時などには、ピザでもグラタンでも気にせず食べています。こればかりは、日々のバランス！　高脂肪な乳製品たちとは、楽しく仲良くつきあっていきたいなあ。

簡単ドフィノア

材料（2人分）と作り方 >>> じゃがいも2個は5㎜幅に切り、牛乳1 ½カップと、塩、ナツメグ各小さじ½とともに鍋に入れて中火にかけ、ふつふつとしたら弱火で約15分煮る。とろみがついたら耐熱容器に入れてピザ用チーズ60gをかけ、オーブントースターでこんがりするまで焼く。

いものでんぷんでとろみをつけるので、切ったら水にさらさないように。

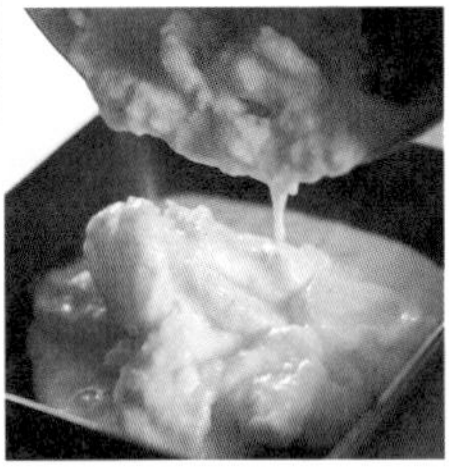

時々混ぜながらいもがやや煮くずれるくらいまで火を入れるのがおいしさのコツ。

小麦粉を練ってホワイトソースを作るのが面倒……。そんな理由でグラタンを敬遠している人にオススメなのが、フランスの家庭料理「ドフィノア」。じゃがいものでんぷんで牛乳にとろみをつけるので小麦粉いらずです。あったら入れたいのは、一気に本格的な風味になるナツメグ。ハンバーグを作るときに買って眠っていたら、ぜひひとふりしてみて。

時々無性に
食べたくなる味を
お手軽に

※1人分 **315**kcal／塩分**2.0**g

カッテージチーズとプルーンの春巻き

スティック状に
巻くと、ぐっと
食べやすく

※1人分 **417kcal**／塩分**0.9g**

材料（２人分）と作り方 ≫≫ 春巻きの皮６枚を用意し、１枚にカッテージチーズ大さじ２と、プルーン１個を３等分してのせて巻き、水溶き小麦粉（小麦粉小さじ１ 水小さじ２）で留める。残りも同様にする。フライパンにオリーブ油大さじ３を中火で熱し、全体に焼き色がつくまで焼く。

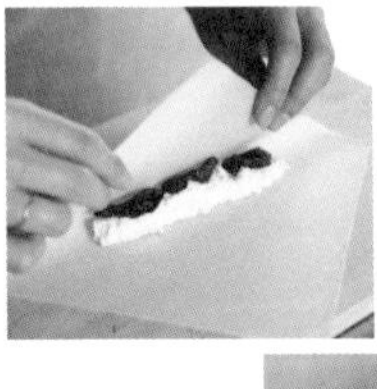

皮は角を手前においてて、具を並べて巻いて。

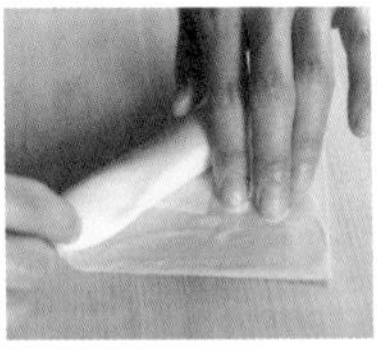

細長くスティック状に巻くとおつまみ向きに。端はしっかり留めて。

「ワインをください……！」。思わずそう言いたくなる春巻きがこちら。ご飯のおかずには一切なりませんが、とにかくワインが進みます。巻くのは、カッテージチーズとプルーンだけ。味つけは不要！　パリパリの春巻きの皮と、ねっとりとろ〜りのチーズとプルーン。もしあれば、シナモンパウダーをふると、よりスペシャルな一品に！

材料（２人分）と作り方 >>> きゅうり½本はすりおろしてざるに入れ、手で押しつけて水けをしっかりきる。ギリシャヨーグルト100g、おろしにんにく少々、塩小さじ¼、きゅうりを混ぜ、器に盛ってオリーブ油小さじ１をかける。パン適量を添える。

きゅうりの水けをしっかりきることが、水っぽくならないポイント。ざるに上げて、さらに上からギュッと押して。

ギリシャの郷土料理である「ザジキ」というおろしきゅうり入りのヨーグルトソースをイメージしたおつまみ。現地では、焼いた肉や魚にかけたり、「ギロ」というラップロールに添えたりしますが、トーストしたパンにぬるだけでも十分おいしい！　にんにくのすりおろしを少しだけ加えることで、きゅうりの青臭さがなくなります。

きゅうりヨーグルトディップ

低脂質のヨーグルトでギリシャ風のおつまみを

※1人分 71kcal／塩分0.8g

ゆる晩酌のお助け調味料

気負わずおつまみを準備するために、頼りになるのが市販のおいしい調味料。おすすめをご紹介します。

味どうらくの里

東北醤油

東北で出会った5倍濃縮のつゆ。怖いほど味がビシッと決まります。煮ものはもちろん、炒めものや炊き込みご飯など万能選手！

臨醐山黒酢

内堀醸造

長年愛用している、和食にもよく合うやさしい味わいの黒酢。普通、米酢を使うものはすべてこれで作っているほど太鼓判！

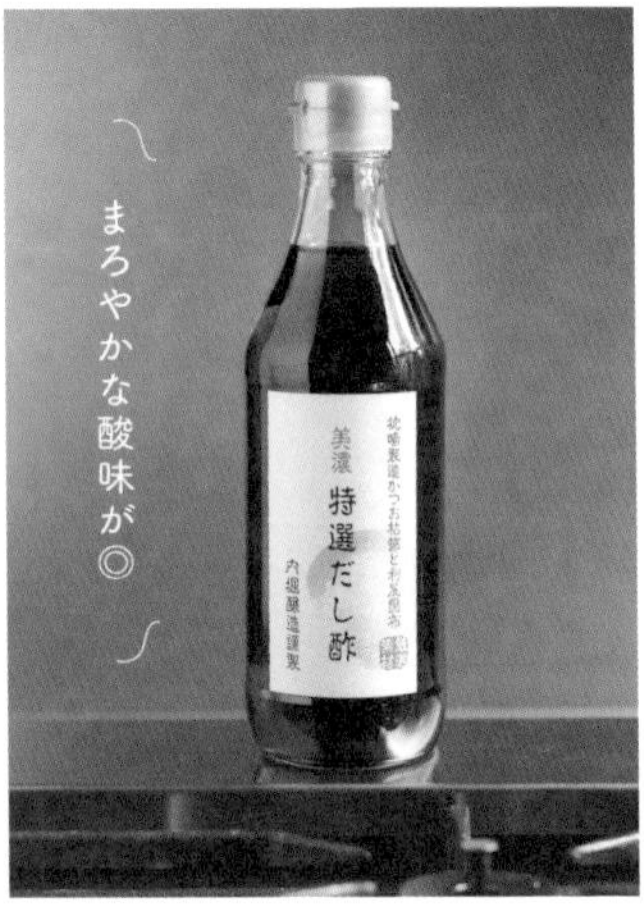

美濃特選だし酢

内堀醸造

削りたての枕崎製造かつお枯節と利尻昆布のだしに、上質な酢をブレンド。ポン酢ほど味がきつくなく、野菜や海藻のあえものに最適。

中濃ソース

鳥居食品

浜松で作られる老舗メーカーのソース。木桶で丁寧に仕込まれており、食べ飽きない味わいです。「山椒ソース」もおすすめ。

ラカントSシロップ

SARAYA

不要な糖質をカットするため、植物由来の糖質ゼロ甘味料を愛用。シロップ状のものはドレッシングやヨーグルトにも使いやすい！

カゴメトマトペーストミニパック

カゴメ

トマト缶を使うほどではないときに活躍してくれるのがトマトペースト。少し入れるだけで深い味わいに。小分け包装なのが便利。

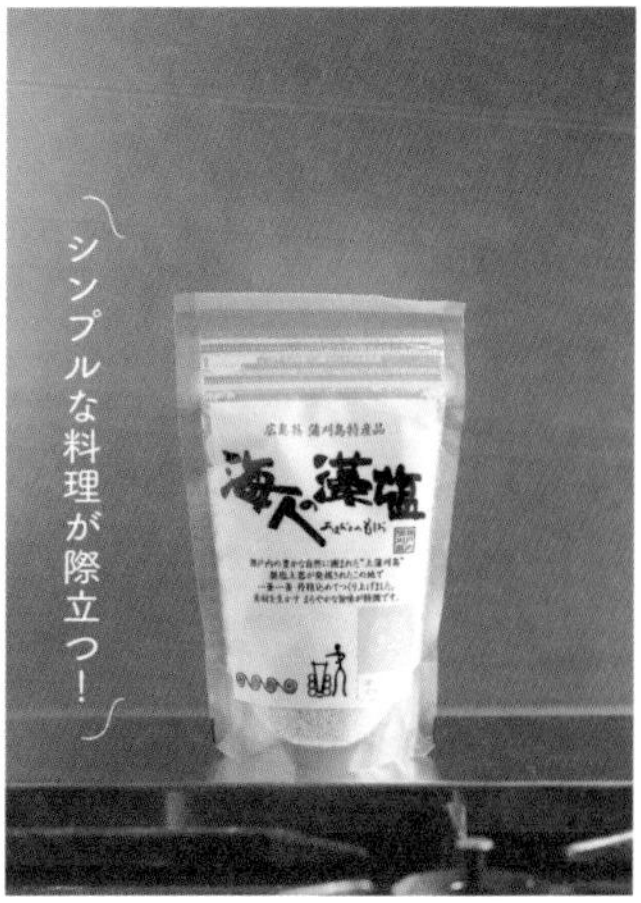

海人の藻塩

蒲刈物産

我が家の基本の塩は十数年こちら。広島の蒲刈島で作られている、まろやかな藻塩です。これがあればおにぎりも絶品！

休肝日は一皿ごはん。

以前は休肝日がゼロだった私。最近では、がんばれば週3、がんばれなくても週1で休肝日をつくるようにしています。私にそんな日が来るなんて、20代の自分に言っても信じないだろうなあ。

そんな休肝日の夜の食事をどうしているかといえば、ズバリ、炭水化物入りの簡単一皿ごはんを食べています。普段はお酒を飲むので主食は食べず、こまごまとしたおつまみを数皿用意してだらだらと数時間の晩酌……。夜に炭水化物を食べるのは、かなり珍しい。でも、いくら休肝日とはいえ、さすがにお酒も主食もないのはひもじすぎる！　なので、ご飯や麺、たまにはパンも登場しています。

お酒を飲まないと、食事の時間は一気に短くなります。ほとんどランチのノリ。それならいっそパパッと作って食べて、ほかのことに時間を使いたい。そう思ったのが、食材も調理もシンプルな簡単一皿ごはんを取り入れたきっかけでした。作って食べて30分以内が理想。

休肝日をつくるようになって思ったのは、「お酒を飲まないと、なんて夜が長いんだろう」ということ。裏を返せば、時間がたくさんできたということです。そこで、ずっと読みたかった本を読んだり、リビングで筋トレをしたり、新しい仕事の案をまとめたり……。今まで「時間がないから」とあきらめていたことを取り戻しているような気さえします。

ほわほわ酔っぱらう晩酌の時間も大好きだけれど、新たな自分に出会えたのも休肝日のおかげ。何より一生、楽しく元気にお酒を飲むには休肝日は必須！　これもまた、アラフィフにしてよい習慣ができてよかったなと思っていたりするのです。

にらそば

材料（１人分）と作り方 >>> にら½わは細かく刻む。中華生麺１玉を袋の表示どおりにゆでて湯をきり、オイスターソース、酢各大さじ１、豆板醤小さじ½〜１であえ、器に盛る。熱いうちににらをのせ、フライパンでごま油小さじ２を弱火で煙がうっすら立つまで熱して、かける。

ごま油は煙がうっすら出るまで弱火で加熱するのが、おいしさの秘訣。

ごま油をかけたら、熱いうちに超特急で全体をよーく混ぜるべし！

とにかくササッと、でも少しガツンと食べたいときはこちら。秘密は½わも使う生にらの香りと、中華調味料のガツンとした味つけ。あつあつの麺にからめれば、しんなりとしたにらと麺と調味料が一体となり、もりもり食べてしまえるはず。かなり元気が出る一品です。カンカンに熱したごま油をジュワッとかける仕上げが大切なのでお忘れなきよう！

ちょっと
疲れてるときは
パンチのきいた
この麺で！

※1人分 **380kcal**／塩分**3.2g**

コングクス

※1人分 396kcal／塩分3.8g

材料（1人分）と作り方 ≫≫ そうめん1束は袋の表示どおりゆでて洗い、水けをきる。器に盛り、豆乳（成分無調整）1カップにめんつゆ（3倍濃縮）大さじ1を混ぜて加える。ゆで卵½個、ほぐしたかにかま2本、白菜キムチ30g、貝割れ菜適量をのせて白すりごま大さじ1をふる。

韓国の夏に欠かせない麺料理が「コングクス」。水煮大豆をすりつぶしたクリーミーなスープで食べる冷たい麺です。これを一から作るのはたいへんなので私は豆乳で代用。それでも十分おいしいですよ〜。具のキムチとゆで卵は必須ですが、麺はうどんや中華麺などお好みのものでOK。キンキンに冷たいスープを飲み干す頃には、夏バテも吹っ飛ぶはず。

材料（1人分）と作り方 ≫ トマト½個は1cm角に切る。ボウルに卵2個、納豆1パック、しょうゆ小さじ2を混ぜる。フライパンにバター10gを中火で溶かし、卵液を入れて炒め、トマトを加える。器に温かいご飯1杯分を盛り、オムレツをのせて万能ねぎの小口切り1本分をのせる。

学生の頃にバイトしていた居酒屋さんで、いつもまかないに食べていたのがこのどんぶり。お店のメニューにあった納豆オムレツに、オリジナルでトマトを加えてみたらサッパリして激うま！　一時期、バイト仲間の中ではやった青春の味です。

トマトは最後に加えて火を通し過ぎないように。とろとろの卵とフレッシュなトマトの組み合わせを楽しんで。

体にいいもの
だけをのっけた
私の定番の味

トマト納豆オムレツ丼

※1人分 520kcal／塩分2.3g

おわりに

ゆる晩酌を心がけるようになって、早1年近く。すっかり習慣化され、今や「毎日のように飲酒&外食の生活には戻れない」という心境になってきました。いやはや、人って変わるものですね。

夕食だけでなく朝食や昼食にも変化が。まず筋トレをはじめたことから玄米の良さを知り、主食は玄米中心になりました。圧力鍋で炊いた玄米はもちもちでとてもおいしく、白米よりも気に入っているほどです。そして、おかずは作りおき中心に。野菜だけでなく、海藻やこんにゃく、肉や魚にいたるまでシンプルな調理法で仕込んでおき、ワンプレートに盛り合わせるのです。これがまた、玄米との相性抜群&食事の準備も後片づけも楽ちん！　今、一番ハマっている食事方法かもしれません。

私は今でもお酒が大好き。レストランや居酒屋さんへ行くことだって大好きです。たまにはハメをはずして酔っぱらうし、フレンチのフルコースも中華の大宴会も楽しみます。だから、それをあきらめるのではなく、身の丈に合ったペースで取り入れていけたらと思うのです。

自分の健康は自分しか管理できず、アラフィフを過ぎてどんな体でどんな生活を送るのかも自分しだい。それに気づいたからこそ、無理なく、楽しく、これからもゆる晩酌を続けていこうと思います。みんな、おいしく食べて飲んで元気な老後を送ろうぜ～！

２０２３年　47歳の秋に　ツレヅレハナコ

ツレヅレハナコ

食と酒と旅を愛する文筆家。出版社勤務時代からブログやＳＮＳが反響を呼び、文筆家に。雑誌やWEBに多数寄稿。『まいにち酒ごはん日記』（幻冬舎）、『女ひとり、家を建てる』（河出書房新社）など著書多数。猫の「あんきも」とともに、都内の一軒家に暮らす。
〈Instagram〉@turehana1　〈X（旧Twitter）〉@turehana

撮影
キッチンミノル　ツレヅレハナコ

スタイリング
佐々木カナコ

デザイン
吉村亮（Yoshi-des.）

イラスト
くぼあやこ

栄養計算
スタジオ食

校正
根津桂子　秋恵子

47歳《さい》、ゆる晩酌《ばんしゃく》はじめました。

2023年10月30日　初版発行

著者
ツレヅレハナコ

発行者
山下直久

発行
株式会社KADOKAWA
〒102-8177 東京都千代田区富士見2-13-3
電話　0570-002-301（ナビダイヤル）

印刷・製本
TOPPAN株式会社

［お問い合わせ］
https://www.kadokawa.co.jp/（「お問い合わせ」へお進みください）
※内容によっては、お答えできない場合があります。
※サポートは日本国内のみとさせていただきます。
※Japanese text only

定価はカバーに表示してあります。

ISBN 978-4-04-897653-4　C0077